THAILAND

THAILAND

Kay Maeritz

BRUCKMANN

Inhalt

6 Thailand
Im Land des Lächelns

16 Bangkok
Die Stadt der Engel

26 Zentralthailand
Das alte Herz Siams

46 Kanachanaburi
Thailands »Wilder Westen«

Der Norden 66
Unterwegs zum »Goldenen Dreieck«

An den Küsten 82
Thailands Traumstrände

Reiseinformationen 104
Thailand von A bis Z

Register 111
Impressum

Der Chaweng Beach auf der Insel Ko Samui ist einer der zahlreichen Traumstrände des Landes.

Thailand
Im Land des Lächelns

*Große Wolken ziehen langsam,
langsam über die Landschaft
seiner Seele.
Seine Seele trinkt den Mond
und träumt von fernen Ebenen.*

(aus einem alten
laotischen Volkslied)

THAILAND

Lachende Gesichter und freundliche Menschen: So wird der aufgeschlossene Reisende Thailand erleben. Dabei spielt es keine Rolle, ob man Kindern begegnet – wie hier auf einem Bootssteg in Ko Samui – oder auch Erwachsenen.

Auch die Angehörigen der zahlreichen ethnischen Minderheiten Thailands, wie dieser Karen, sind Fremden gegenüber sehr aufgeschlossen.

Die Morgendämmerung beginnt, langsam werden die Umrisse von Bäumen und Bergen im Nebel jenseits der silbrigen, glatten Wasserfläche des Khao Laem Sees sichtbar. Die plötzlich durchbrechenden Sonnenstrahlen verleihen dieser Szenerie einen unwirklichen, leider nur kurz andauernden Zauber, lassen vor meinen Augen eine unberührte, urweltliche Landschaft entstehen. Bin ich hier wirklich in Thailand, dem Land der leuchtend weißen Strände und des türkisfarbenen Meeres?

Aber ja, denn diese Vorstellung ist nur eine der vielen Facetten dieses Landes. Tatsächlich wird unser Bild von Thailand allzu stark von seinen unbestritten traumhaften Stränden geprägt. Doch eine solche Beschreibung wird dem vielseitigen Land ebenso wenig gerecht, wie die Reduzierung auf das Rotlichtviertel Bangkoks. Letzteres hat glücklicherweise in den vergangenen Jahren mehr und mehr an Bedeutung verloren und der berühmt-berüchtigte Patpong der Hauptstadt ist heute vor allem das Ziel neugieriger Pauschaltouristen, die sich durch die dicht gedrängten Stände des Nachtmarktes treiben lassen.

Denn Thailand bietet eben viel mehr als Strand, Meer und Sonnenschein: Diese Facetten sind nur einer der Gründe für eine Reise in das südostasiatische Königreich. Azurblaue Lagunen und strahlend weißer Sand bilden die Kulisse für Strandliebhaber, doch auch Kulturreisende finden in den alten buddhistischen Tempelanlagen und den Ruinen längst vergangener Residenzen zahllose faszinierende Reiseziele: Sukhothai und Ayutthaya sind die alten Hauptstädte Thailands, aber auch das Reich von Angkor hat reiche Spuren seiner Glanzzeit hinterlassen. Dazu locken uns im ganzen Land Nationalparks mit tropischer Flora und Fauna und prachtvollen Landschaften: Von den bizarren Karstfelsen, die in der Bucht von Phang Nga aus dem Meer ragen,

Abendliche Wäsche am Traumstrand auf Ko Chang

über die geheimnisvollen Höhlen und Lagunen, die ein verstecktes Dasein auf einsamen Felsinseln führen bis hin zu den oftmals Nebel verhangenen Bergwäldern an der langen Grenze zum Nachbarland Burma.

Ein echter Vielvölkerstaat

Damit sind wir wieder am morgendlichen Khao Laem See angelangt, in dessen Nähe eben diese Grenze verläuft. Über den Seitenarm des vor mir liegenden Sees spannt sich die längste Holzbrücke Thailands. An ihrem gegenüber liegenden Ende findet sich ein Dorf der Mon. Dieses Volk bildet eine der zahlreichen ethnischen Minderheiten im Lande. Ihre Häuser bauen sie noch ganz im traditionellen Stil aus Holz, am Ufer des Sees liegen Hausboote, die ebenfalls nur aus Bambus und Holz gefertigt sind. Es erweckt den Anschein, als hätte die moderne Welt hier noch keinen Einzug gehalten. Doch dieser Eindruck täuscht: Über die Brücke kommt mir ein Strom von Frauen entgegen, alle sind auf dem Weg zur Arbeit. Alte Traditionen und der Umbruch hin zu einer westlich geprägten, arbeitsteiligen Gesellschaft liegen selbst hier, im abgelegenen Sangkhlaburi, dicht beieinander. Denn auch das ist Thailand: Ein Land an der Schwelle zur Industrienation. Selbst die schwere wirtschaftliche »Asienkrise« im Jahr 1997 hat Thailand unerwartet schnell überwunden. Blickt man auf die letzten Jahrzehnte zurück, erkennt man eine weltweit fast unübertroffene Periode des Wachstums: Um rund das zwanzigfache hat sich das Pro-Kopf-Einkommen von Beginn der 1960er-Jahre bis En-

Thailand

Alleine Chinatown in Bangkok bietet eine unübersehbare Anzahl an Einkaufsmöglichkeiten.

Eine Bootsfahrt durch Bangkok ist ein Muss für jeden Besucher.

Märkte gehören zu den Attraktionen jedes Besuchs in Asien: Die unbekannten Gerüche und die Vielzahl der fremdartigen Früchte und Speisen verführen immer wieder zum Probieren.

de des 20. Jahrhunderts gesteigert. Und auch die Infrastruktur hat sich in diesen Jahrzehnten rasant weiter entwickelt. Praktisch jeder Ort im Land ist mittlerweile über gut ausgebaute Straßen zu erreichen. Mit dem wirtschaftlichen Aufschwung ging ein nicht minder erfreulicher Wandel einher: Die bis in die 1930er-Jahre zurück reichende Zeit der Militärherrschaft scheint heute endgültig überwunden zu sein – Thailand befindet sich auf dem besten Weg zu einer Demokratie mit transparenten politischen Strukturen. Es wird noch einige Zeit dauern, bis Vetternwirtschaft und Korruption gänzlich der Vergangenheit angehören, aber die Weichen sind gestellt und gerade die Art, wie die letzte Krise bewältigt wurde, macht Hoffnung darauf, dass das Ziel erreicht wird.

Im Land des Lächelns

Kunstvoll werden die Lotusknospen geöffnet und als Opfergabe für die Götter gefaltet. Die Blüte der Lotusblume, die sich rein aus sumpfigen Gewässern erhebt, ist ein Symbol des Buddhismus, das man in buddhistischen Tempeln Thailands findet.

THAILAND

Was da so lecker und ordentlich im Regal aufgestapelt ist, ist keineswegs das Produkt von Bauern, sondern entspringt kunstfertigen Händen und dient nur der Dekoration.

Im Land des Lächelns

Dank dieser positiven Entwicklung und seiner unzweifelhaften landschaftlichen und kulturellen Reize wird Thailand also langfristig ein traumhaftes Reiseziel bleiben. Und auch die Unterkünfte für uns Urlauber müssen sich nicht verstecken: Überall im Land finden sich Hotels der Luxusklasse, die mit viel Phantasie und Sensibilität in die tropische Landschaft integriert wurden. Aber auch der Backpacker, dessen Geldbeutel weniger gut gefüllt ist, findet allerorts angenehme und einfallsreich gestaltete Unterkünfte, seien dies nun Baumhäuser in einem der zahlreichen Nationalparks oder luftige Bambushütten direkt am Palmen gesäumten Traumstrand …

Thailands kulinarische Köstlichkeiten

Nicht vergessen darf man natürlich die erlesenen Köstlichkeiten der thailändischen Küche, die mit Sicherheit zu den besten der Welt zählt – und das nicht nur in den Hotels der Luxusklasse. Auch kleine Restaurants am Straßenrand oder am Strand bereiten meist wahre kulinarische Leckerbissen zu. An praktisch jedem Strand finden sich kleine Restaurants, deren Köche einheimische Spezialitäten für »westliche Mägen« aufbereiten: Dabei gehen sie vor allem mit typischen Zutaten wie Chili etwas sparsamer um, als wenn sie die Gerichte für die Thais selbst zubereiten würden. Sehr viel authentischer sind die Gerichte, die auf den zahlreichen Nachtmärkten angeboten werden. Hier gibt es neben allerlei frisch zubereitetem Essen auch eine ganz besondere Atmosphäre. Wer nicht gerne scharf isst, sollte bei allen Gerichten die fast immer angebotene milde Variante bestellen, das schont die Geschmacksnerven!

Nun sollte der Appetit auf Thailand geweckt sein, lassen wir also die Reise durch das zauberhafte Königreich im Herzen Südostasiens beginnen.

Ein scharfer Genuss – roter Chili gehört in zahlreiche Gerichte der Thaiküche. Wird ein Gericht in Thailand als scharf bezeichnet, ist es für den Gaumen von uns Europäern nicht mehr zu genießen.

Unbekannte Gerichte verlocken den Besucher auf den Märkten zu Kostproben. In vielen der Speisen sind Meeresfrüchte enthalten – eine echte Gaumenfreude.

Eine Freude für das Auge sind diese Rosen auf einem Blumenmarkt.

»Alle Dinge entstehen aus einer Ursache. Wer dies erkennt, der sieht die Wahrheit.«

Buddha

Im Land des Lächelns

Eine Siamkatze balanciert auf dem mit Keramik verzierten Wat Arun in Bangkok. Bevor auf der gegenüber liegenden Seite des Chao Phraya der Königspalast und das Wat Phra Keo errichtet wurden, befand sich an diesem Ort die königliche Kapelle mit dem Smaragdbuddha.

Die Skyline Bangkoks erhebt sich über dem Chao Phraya.

Bangkok
Die Stadt der Engel

Tempel als Oasen der Stille mitten im tobenden Verkehr, exotische Märkte und moderne Shoppingmeilen, pulsierendes Nachtleben, Restaurants, die kulinarische Köstlichkeiten servieren ... Bangkok ist eine faszinierende Metropole, die für jeden Besucher etwas bietet!

BANGKOK

Das Wat Phra Keo ist das Staatsheiligtum Thailands. Einer seiner Tempel ist das »Königliche Pantheon« – es ist nur am Chakri-Tag zu besichtigen. Es enthält Bildnisse der Könige aus der Chakri-Dynastie, zu der auch der regierende König gehört.

Die Hitze liegt flirrend und drückend über der Stadt. Soll ich jetzt wirklich mein angenehm klimatisiertes Zimmer verlassen, um mich durch den dichten Verkehr der Riesenmetropole zu quälen? Jeder Schritt im Freien wirkt auf mich wie ein Schlag mit einem nassen, heißen Waschlappen ins Gesicht. Will ich von der Kao San Road bis zum Königspalast laufen, mich tatsächlich 15 bis 30 Minuten zu Fuß fortbewegen, je nachdem, wie lange ich brauche, um die Thanon Ratchadamnoen zu überqueren? Der anschließende Weg über den weiten Sanam Luang wird dann kein Problem mehr sein, denn der Platz ist von Schatten spendenden Bäumen gesäumt. Doch allein das Überqueren dieser Hauptschlagader Bangkoks gleicht einem Todeskommando. Fußgänger scheinen die Stadtplaner nicht vorgesehen zu haben. »Du bleibst auf der Straßenseite, auf der Du geboren wurdest – oder Du nimmst ein Taxi!« Solch ein Slogan muss in die Köpfe der Stadtplaner eingemeißelt sein. Ich erschrecke bei dem Blick auf das Verkehrschaos und denke mir: »Gut, sie haben gewonnen, ich nehme eine Motorradrikscha.« Es gelingt mir in zähen Verhandlungen, den Preis für den knappen Kilometer zum Palast in den Bereich zu drücken, den ein Einheimischer für eine Tour durch die halbe Stadt zahlt. Dafür komme ich vom Fahrtwind frisch gekühlt am Eingang zum Königspalast und dem Staatsheiligtum Wat Phra Keo an.

Noch vor der Kasse werden die Touristen sortiert: die Guten dürfen weiter gehen, die Schlechten kommen nicht ins Kröpfchen, sondern dürfen sich für die Sandalen Überschuhe ausleihen und die nackten Beine und Schultern mit ebenfalls zur Verfügung gestellten Tüchern bedecken. Dann geht es hinein in die bunte Glitzerwelt, in der sich der horror vacui, die Angst vor der Leere, ungestört austoben durfte: Es existiert kein Fleckchen an den Gebäuden, das nicht

Die Stadt der Engel

verziert ist, an dem es nicht golden blitzt, Spieglein blinken oder bunte Mosaike Wände und Säulen zieren.

Der berühmteste Buddha Bangkoks

Im Haupttempel sitzt der Smaragdbuddha auf seinem Thron. Seit er im Jahr 1778 nach einem Kriegszug gegen den nördlichen Nachbarn Laos aus Vientiane hierher gebracht wurde, überstrahlt sein Glanz das Staatsheiligtum. Der Grundstein zum Wat Phra Keo wurde im Jahr 1782 gelegt, in dem Bangkok nach der Zerstörung der bisherigen Residenzstadt Ayutthaya durch die burmesischen Streitkräfte Regierungssitz wurde. Die Herrscher der gerade an die Macht gelangten Chakri-Dynastie planten hier ihr prunkvolles Machtzentrum. Tatsächlich erwies sich die neue Dynastie als stark genug, um Siam – erst 1939 wurde Siam in Thailand umbenannt – unbeschadet durch die Kolonialzeit zu steuern: Als einziges Land der Region wurde Thailand niemals kolonialisiert, doch nur zwei Jahre nach der Umbenennung in »Das Land der Freien« musste der Staat während des Zweiten Weltkriegs die japanische Besetzung hinnehmen. Bis 1932 blieb der Palast aber das Machtzentrum Thailands – dann verwies ein Staatsstreich den König in die Rolle des konstitutionellen Staatsoberhauptes. Das hohe Ansehen der Königsfamilie ist jedoch bis heute ungebrochen und gerade in Zeiten politischer Wirren und Militärherrschaft hat sich der König als stabilisierende Kraft erwiesen. Insbesondere auf dem Weg zur Demokratie hatte der amtierende König Bhumipol seine ganze Bedeutung in die Waagschale geworfen, um einen friedlichen Übergang der Macht zu ermöglichen. Die Königsfamilie residiert heute im Chitralada Palast, und oft steht am Abend der Verkehr still, während die Menschen andächtig verharren, wenn ein Rolls Royce die Königin in ihre Privatgemächer bringt.

Das Wat Phra Keo ist überreich verziert. Auf der oberen Terrasse finden sich auch die Apsonsi, mystische Wesen, die halb Löwe, halb Frau sind. Auf der unteren Terrasse steht das zentrale Heiligtum, das den Smaragdbuddha beherbergt. Die mit Gold geschmückten Tempeltürme und der vergoldete Chedi überragen die Mauern der Anlage.

Bangkok

Erhabene Ruhe strahlt der liegende Buddha im Wat Pho aus. Er symbolisiert das endgültige Erlöschen und den Eingang ins Nirvana.

Zahlreiche Longtailboote fahren den ganzen Tag den Chao Phraya auf und ab. Sie dienen in erster Linie Einheimischen als Taxiboote nach Thonburi, befördern aber auch Touristen durch den alten Teil Bangkoks.

Nur einen Block weiter südlich liegt der vielleicht schönste Tempel Bangkoks, das Wat Pho. Seine Verzierungen sind etwas dezenter, dennoch ist es noch beeindruckender als das Wat Phra Keo. Am Abend – wenn alle Reisegruppen das Gelände verlassen haben – kann man erleben, wie sich im großen Saal des Bot die Mönche des Klosters zur Meditation versammeln. Die Hauptattraktion des Geländes, auf dem auch die angesehenste Massageschule Bangkoks angesiedelt ist, ist aber der 46 Meter lange liegende Buddha. Trotz der unzähligen Touristen, die in Trauben um die lang hingestreckte Gestalt schwirren, strahlt der Buddha eine ungebrochene Ruhe aus. Zum Abschluss der Tempelrunde bietet sich die Überquerung des Chao Phraya vom nahe gelegenen Tha Tien Pier aus an. Vom gegenüber liegenden Wat Arun bietet sich in der Abendstimmung ein ungestörter Blick über den Fluss, fernab vom Gedränge der Großstadt.

Die Magie der Märkte

Neben dem Besuch der Tempelanlagen sind sicher die Märkte die Hauptattraktion Bangkoks. Man gewinnt fast den Eindruck, die ganze Stadt sei ein einziger großer Marktplatz. Handwerkskunst und Seide aus ganz Thailand wird abends auf den fliegenden Märkten angeboten, die praktisch an jeder Ecke aus dem Boden sprießen. Die Händler verhökern aber auch »garantiert echte« Designermode sowie Rolex- und Breitling-Uhren, die nichts anderes als spottbillige, illegale Plagiate sind. Bei so manchen dieser Uhren verrät übrigens ein prüfender zweiter Blick, dass einige der Funktionen nur auf das Zifferblatt gemalt sind! Da mittlerweile fast alle Textilien der Welt in Asien produziert werden, lassen sich auf den Nachtmärkten und in den riesigen Shoppingcentern aber alle möglichen Kleidungsstücke in bester Qualität zum Schnäppchenpreis erwerben – so lange die ei-

Die Stadt der Engel

Ein Mönch durchschreitet den Eingang zum zentralen Heiligtum des Wat Pho, das eine der schönsten Tempelanlagen des Landes ist. Es wirkt weniger museal als das benachbarte Wat Phra Keo, da es bewohnt und eine wichtige Bildungsstätte ist. Neben einer Massageschule beheimatet es auch ein Zentrum für traditionelle Medizin.

BANGKOK

Weit seriöser als auf den Märkten ist das Angebot in der Bamrung Muang, wo die Tempel ihren Bedarf an Buddhastatuen decken können.

Die Stadt der Engel

gene Größe nicht allzu sehr von den thailändischen Maßen abweicht! Bangkok hat jedenfalls Hongkong und Singapur als das Shoppingparadies Asiens den Rang abgelaufen.

Weit interessanter ist aber der Bummel durch die traditionellen Märkte Bangkoks, seien es die Gemüsemärkte in Chinatown, in denen Massen frischen Gemüses für die Metropole umgeschlagen werden, oder der riesige Chatuchak-Wochenendmarkt. Was immer man sucht, hier findet es sich: Ein lebender Goldfisch im Wasserbeutel, Buddhafiguren, Bonsaibäume und bizarr-dekorative Steine für den Asiengarten, Jeans, geröstete Schweine, frische und getrocknete Früchte, Blumen, Seide, Keramik bis hin zum Schoßhund. Und kommt man in der Weihnachtszeit, begegnet einem vielleicht sogar ein langer Zug Weihnachtsmänner – und -frauen!

Bangkok – nur ein Moloch?

Ohne die oft unerträgliche Hitze, die von Abgasen geschwängerte Luft und die chronischen Staus in der Zwölf-Millionen-Metropole wäre Bangkok ein erstklassiges Reiseziel. Doch die Stadt wächst seit Jahrzehnten ungehemmt, und alle Baumaßnahmen, wie etwa die neue Hochbahn und die ebenfalls auf Stelzen »in der zweiten Etage« errichteten Stadtautobahnen, fangen stets nur das zusätzliche Verkehrsaufkommen ab. Zur Rush-Hour steht der Verkehr komplett still und auch die Busse quälen sich nur langsam durch die Straßen. Für ein nur fünf Kilometer entferntes Ziel eine halbe Stunde Fahrtzeit zu veranschlagen ist zu fast jeder Tageszeit eine wahrhaft optimistische Annahme. Als angenehme Alternative bieten sich zu den Zielen entlang des Chao Phraya die Fähren an, die den Fluss regelmäßig hinauf und hinunter pendeln. Jenseits des Flusses warten dann die Kanäle von Thonburi. Ein Ausflug mit dem Longtailboat

Zum Schmuck von Wohnungen und Tempeln gehört jeder mögliche Glitzerkram.

durch die Klongs, die Kanäle, von Thonburi bringt uns dann das alte Bangkok näher. Tatsächlich war es auch dieser zuerst besiedelte Teil der Stadt, der ihr ihren international gebräuchlichen Namen gab: Bang Makok, das »Dorf der wilden Pflaumen« hieß das Örtchen, bevor die Hauptstadt an das Ufer des Chao Phraya verlegt wurde. In Thailand heißt Bangkok ebenso blumig wie unaussprechlich Krung Theb Manahakon Bowon – gefolgt von gar unaussprechlichen 14 weiteren Worten.

Übersetzt bedeutet das in etwa Große Stadt der Engel, Ruheort der göttlichen Juwelen, großes unbezwingbares Land, großes und hervorragendes Reich, die königliche und herrliche Hauptstadt … Wer wollte sich in einer solchen Stadt nicht wohl fühlen!

Bangkok

Ein Sonntag im Park: Der Lumphini-Park im Zentrum der Stadt, am Ende der Silom-Road gelegen, ist eine Oase der Erholung. Hier wird gebummelt, Sport getrieben, auf den Seen gerudert oder dem Sonntagskonzert gelauscht.

Entdecken und Erleben

Wat Phra Kaeo, der Tempel des Smaragdbuddha, im Großen Palast
Das Nationalheiligtum Thailands ist die prachtvollste Tempelanlage des Landes – lassen Sie sich verzaubern.

Chatuchak Wochenendmarkt am nördlichen Stadtrand
Hier findet sich praktisch alles, was man für Geld erwerben kann, vom Kunsthandwerk über Bekleidung zu lebenden Tieren – wenn Sie Souvenirs suchen, sind Sie hier richtig.

Abendandacht der Mönche am Wat Pho,
südlich des Grand Palace. Täglich um 18:00 Uhr versammeln sich hier die Mönche zur Andacht. Lauschen Sie der Zeremonie und lassen Sie sich in eine fremde Welt entführen.

Chinatown Bangkok
Im chinesischen Viertel der Hauptstadt können Sie einmal eine ganz andere Atmosphäre schnuppern. Sehenswert sind auch die chinesischen Tempel, die sich hier finden.

Klongs, die Kanäle Bangkoks
Eine Bootsfahrt durch Bangkoks Gewirr von Kanälen wird eine bleibende Erinnerung sein. Auch wenn die Stadt leider keine schwimmenden Märkte mehr zu bieten hat, bietet die Fahrt zahlreiche aufregende Eindrücke.

Links oben: das War Phra Kaeo im Abendlicht

Links unten: Häusergewirr in den Klongs der Stadt

Mitte: reges Treiben auf dem Chatuchak Wochenmarkt

Rechts unten: ein Tempel in Bangkoks Chinatown

Rechts oben: das Wat Pho im goldenen Glanz

Die 5 schönsten Erlebnisse in Bangkok

Das Abendrot verwandelt das Wat Mahatat in Sukhothai in eine Szene wie aus einem alten buddhistischen Traum.

ZENTRALTHAILAND
Das alte Herz Siams

Im fruchtbaren Menambecken siedelten im 13. Jahrhundert die Thai, hier liegen die Wurzeln des heutigen Thailand. Besucher Zentralthailands wandeln auf den Spuren der Geschichte, die sich in den Parks von Sukhothai und Ayutthaya eindrucksvoll widerspiegelt.

ZENTRALTHAILAND

Vom Hauptwihan des Wat Mahatat in Suhkothai sind nur noch der meditierende Buddha und einige Säulen erhalten. Der in einer großzügigen Grünanlage gelegene Sukhothai Geschichtspark kann in aller Ruhe zu Fuß oder mit dem Fahrrad erkundet werden. Er liegt zwölf Kilometer außerhalb des heutigen Städtchens Sukhothai in ruhiger, ländlicher Umgebung.

Das alte Herz Siams

Im Norden des Menambeckens liegen die Wurzeln des heutigen Thailand. Dort, am südlichen Rand des damaligen Siedlungsgebietes der Thai, erwuchs um 1240 aus einer Rebellion gegen die zu jener Zeit herrschenden Khmer das erste Thai-Königreich. Was vorher geschah, liegt auch heute noch im Dunkeln der Geschichte. So viel wissen wir jedoch: Ursprünglich stammten die Thai vermutlich aus dem südlichen China. Vom großen Fluss Yangtzekiang aus machten sie sich auf die Wanderung in Richtung Süden. Im achten Jahrhundert unserer Zeitrechnung besiedelten sie dann Gebiete im heutigen Yunnan sowie im nördlichen Laos und Vietnam. Von dort aus drangen sie schließlich immer weiter in den Süden vor, bis sie ihre heutige Heimat erreichten.

Das fruchtbare Becken des Menam war jedoch schon lange Zeit vor der Ankunft der Thai besiedelt: Noch heute sind in dieser Region zahlreiche Überreste alter Tempelbauten der Mon und Khmer zu entdecken. Diese Völker lebten schon zu Beginn unserer Zeitrechnung im heutigen Thailand. So berichten indische Quellen vom buddhistischen Königreich Suvannabhumi, einem Reich der Mon, das am Unterlauf des Salween im heutigen Burma lag. Historiker gehen also davon aus, dass der Buddhismus das heutige Thailand bereits frühzeitig erreicht hatte. Doch was vor der Zeitenwende geschah, liegt weitgehend im Dunkel, niemand vermag zu sagen, zu welchem Zeitpunkt die Mon und Khmer in das Gebiet vordrangen. Veranlasst hatten ihre Wanderung aus dem östlichen Indien vermutlich aus Zentralasien in das heutige Indien vordringende arische Völker. Aber schon lange vorher lebten an den Flüssen Südostasiens Sammler und Jäger, die vermutlich australoiden Ursprungs waren. Archäologische Funde in der Gegend des heutigen Thailand deuten darauf hin, dass in der Region bereits 9000 Jahre vor Beginn unserer Zeitrechnung der

Mönche machen ihre morgendliche Almosenrunde.

Die Hand der riesigen Buddhafigur im außerhalb der alten Stadtmauern Sukothais gelegenen Wat Si Chum bedecken Gläubige mit Blattgold.

ZENTRALTHAILAND

Die Augen in tiefer Meditation geschlossen sitzt dieser Buddha seit rund 800 Jahren im Zentrum der ersten Hauptstadt des alten Siam.

Ackerbau bekannt war. Bis vor kurzem nahm man an, dass der Ackerbau und Reisanbau aus China nach Süden exportiert worden war. Doch neue Funde deuten darauf hin, dass diese Techniken im Menambecken länger bekannt sind als in China. Und geradezu sensationell war ein Fund von Bronzearbeiten, die auf etwa 3000 v. Chr. datiert werden. Diese Bronzefunde sind somit älter als die bislang ältesten bekannten Bronzen Mesopotamiens und rund 1000 Jahre älter als die ältesten bekannten chinesischen. Doch welche Völker diese kulturellen Höchstleistungen vollbrachten, ist bislang nicht geklärt. Chinesische Quellen beschreiben die Bewohner des Mekongdeltas im damaligen Königreich Fu Nan zu Beginn unserer Zeitrechnung jedoch als dunkelhäutig und kraushaarig – eine Beschreibung, die eher auf einen indigenen als chinesischen Ursprung dieser Völker hindeutet. Fest steht jedenfalls, dass das Reich von Angkor, dessen Nachkommen im heutigen Kambodscha leben, ab dem achten Jahrhundert seinem Aufstieg zur Vormacht der gesamten Region entgegen strebte. In etwa zur gleichen Zeit wanderten die ersten Thaigruppen langsam aus Yunnan, das im Südwesten Chinas liegt, in Richtung Süden.

Zu Beginn ging die Besiedlung des heutigen Thailand durch das Volk der Thai eher gemächlich vonstatten. Erst im 13. Jahrhundert, mit dem Überfall des Mongolenführers Kublai Khan, dem Enkel des legendären Dschinghis Khan, auf das Thai-Königreich Nan Chao im heutigen Yunnan schwoll der Strom der Auswanderer nach Süden an. Trotzdem kam es in der Folge kaum zu kriegerischen Ausein-

DAS ALTE HERZ SIAMS

Nicht nur für ausländische Touristen ist der Geschichtspark in Sukhothai ein besonderer Anziehungspunkt, auch einheimische Familien pilgern gerne hierher.

andersetzungen. Wo immer die Thai auf die einheimische Mon-Khmer Bevölkerung stießen, gelang es ihnen, sie gewaltlos zu assimilieren oder friedlich mit ihnen zusammen zu leben. Dabei ließ sich ein in der Weltgeschichte häufig vorkommender Vorgang beobachten: Die späteren Sieger übernahmen die Kultur des unterworfenen Volkes – in diesem Fall übernahmen die Thai den von den Mon praktizierten Theravada-Buddhismus. Bis zum 13. Jahrhundert entstanden die ersten kleineren Thai-Reiche im Norden des heutigen Thailand und im heutigen Laos. Der weiteren Ausdehnung der Thai-Reiche kam zu Gute, dass im 13. Jahrhundert die beiden bedeutendsten Großreiche im Süden, das Khmer Reich von Angkor und das indonesische Reich von Srivijaya auf ihr Ende zusteuerten.

Aufstieg uns Fall Sukhothais

Im Norden Thailands gründete sich im Jahre 1238 das berühmte Reich von Sukhothai. Sein erster König war ein Mönch, der angeblich übersinnlichen Kräfte besaß – und nebenbei auch ein gesundes Organisationstalent. Er heirate- tenämlich die Tochter des Khmer-Stadthalters von Sukhothai und bestieg nach dessen Tod den Thron als Herrscher über ein unabhängiges Königreich. In seiner Blütezeit unter König Ramkamhaeng beherrschte Sukhothai gegen Ende des 13. Jahrhunderts auch weite Teile des heutigen Laos.

Zu jener Zeit teilte sich das Gebiet in die Königreiche Muang Sawa – Luang Prabang – und Vieng Chan –Vientiane. Dazu kamen noch die Mon-Gebiete im Süden Burmas, und schließlich fielen Sukhothai auch die Gebiete Srivijay-

Den glanzvollen Höhepunkt der Macht Siams verkörperte das prächtige Ayutthaya – bis zum Einfall der burmesischen Armee, die nur ein Trümmerfeld hinterließ. Heute sind die Ruinen im Geschichtspark von Ayutthaya zu besichtigen.

ZENTRALTHAILAND

Elefanten tragen den Sockel des Wat Sorasak in Sukhothai. Diese Tiere spielen eine wichtige Rolle in der Mythologie Thailands – auch die Form des Landes auf der Karte wird gerne mit der eines Elefantenkopfes verglichen. Ein Elefant zierte bis 1917 auch die Flagge Siams.

Das alte Herz Siams

as auf der Malaiischen Halbinsel zu. Diese Periode von Sukhothai wird von zeitgenösischen Historikern gerne als die »Goldene Epoche« Thailands bezeichnet. Sie wird heute fast mystisch verklärt – als eine Zeit, in welcher in der Bevölkerung Gleichheit und Gerechtigkeit herrschten, während Hunger und Armut unbekannt waren – ein wahrhaft paradiesischer Zustand für die Menschen.

Die Blüte einer Hochkultur

Es ist dies in der Tat die Zeit, in der sich die kulturellen Grundlagen des heutigen Thailand entfalteten. Die Kunst erlebte eine wahre Blütezeit und die thailändische Schrift entwickelte sich unter Ramkamhaeng auf der Grundlage des südindischen Pali, der Schrift der buddhistischen Überlieferungen. Der Mythos einer Zeit der Gerechtigkeit basiert auf einer berühmten Inschrift aus Ramkamhaengs Regierungszeit: »Das Land Sukhothais blüht. Es gibt Fisch im Wasser und der Reis steht auf den Feldern … Der König hat eine Glocke dem Eingang gegenüber aufgehängt. Wenn Irgendjemand einen Kummer hat der seinen Leib krank macht und das Herz ergreift, soll er hingehen und die Glocke schlagen. König Ramkhamhaeng wird den Mann befragen, den Fall untersuchen und gerecht entscheiden.«

Das Ende der Herrschaft Sukhothais kam nach ziemlich genau 200 Jahren – es wurde wiederum einem der Religion zugewandten Herrscher zum Verhängnis, dass er die Armee über die Religion vernachlässigt hatte. Das machte sich der mittlerweile aufstrebende, aber noch von Sukhothai abhängige Staat Ayutthaya zu Nutze. Er baute seine Macht aus, bis Sukhothai seine Herrschaft anerkennen musste.

Mehr als vier Jahrhunderte hielt Ayutthaya in der Folge die Vormacht in der Region und wurde eines der reichsten Zentren Asiens. Ab 1353 führte Ayutthaya ständig Krieg

Dieser meditierende Buddha strahlt Ruhe und Gelassenheit aus.

Selbst die Tempel entgingen der Zerstörung Ayutthayas nicht. Dieser abgeschlagenen Buddhakopf im Wat Phra Mahatat ist fest von den Wurzeln eines Baumes umfangen.

Gegenüber steht das Wat Ratburana mit seinem hoch aufragenden Prang, dem Tempelturm.

ZENTRALTHAILAND

Das Wat Phra Si Sanphet war einst der größte Tempel Ayutthayas. Es wurde im 14. Jahrhundert erbaut. Den einst mit 250 Kilogramm Gold bedeckten Buddha im Zentrum des Wat rissen die Burmesen nieder und schmolzen das Gold ein.

DAS ALTE HERZ SIAMS

Eine Prozession von Elefanten zieht auf dem Rückweg von der täglichen Arbeit durch Ayutthaya. Am Lopburi Fluss liegt der alte Elefantenkraal und in der Nähe das Elefantencamp der Reitelefanten.

Der schwimmende Markt von Damnoen Saduak in der Provinz Ratchaburi ist der meistbesuchte Thailands. Täglich fahren zahlreiche Busse aus Bangkok den Markt an.

gegen die benachbarten Khmer. 1431 kam schließlich das endgültige Ende für das einst so übermächtige Reich von Angkor. Doch wiederum übernahmen die Sieger viel von den Unterlegenen: In diesem Fall war es das Gottkönigtum, das eigentlich nicht mit dem Theravada Buddhismus zu vereinbaren ist. Ebenso wurden die prunkvollen Rituale der Khmer am königlichen Hof übernommen.

WECHSELSPIELE DER MACHT

Die lang währende Herrschaft Ayutthayas erlitt jedoch einige Rückschläge. Mitte des 16. Jahrhunderts kam es zu kriegerischen Auseinandersetzungen mit Lanna, dem Königreich von Chiang Mai. Das in einer kurzen Blüte wieder erstarkte zweite burmesische Reich nutzte die daraus resultierende Schwächung Ayutthayas und fiel 1564 im Land des Rivalen ein. Dabei besiegte es die siamesische Armee so gründlich, dass sich die Thai erst gegen Ende des Jahrhunderts von der Herrschaft Burmas befreien konnten. Es folgte im 17. Jahrhundert eine Blütezeit, von der sogar Reisende aus dem Ausland schwärmten. Unter König Narai gelang es den Thai zum ersten und einzigen Mal, Burma erfolgreich zu unterwerfen. Es war allerdings wiederum den Burmesen vorbehalten, Ayutthaya in der Folge erneut zu schlagen – fast 200 Jahre dauerte es, bis das dritte burmesische Reich entstand: 1767 nahmen die Burmesen Chiang Mai ein und nur ein Jahr später machten sie Ayutthaya dem Erdboden gleich, was das Ende des Reiches bedeutete – aber keineswegs das Ende Siams. Dennoch belastet dieser Überfall, bei dem die burmesischen Truppen die Paläste und Tempel zerstörten, wertvolle Buddha-Figuren einschmolzen und die Bibliothek mit der siamesischen Geschichtsschreibung vernichteten, bis heute das Verhältnis der beiden Nachbarländer. Das Ende Ayutthayas bedeutete somit das Ende der 33 Generationen herrschenden Dynastie – und den Beginn der Chakri-Dynastie, die sich die Hauptstadt Bangkok wählte.

Heute gleicht eine Reise zu den alten Hauptstädten eine Reise in die Vergangenheit. In den historischen Parks von Ayutthaya und Sukothai kann man zwar nicht mehr dem Glanz der alten Zeit nachspüren, aber dennoch lässt sich der Hauch alter Größe erahnen. Während die Ruinen der Tempelanlagen Ayutthayas in weitläufigen Grünanlagen inner-

Frühmorgens, bevor die Touristenbusse eintreffen, herrscht ruhiges Geschäftsleben in den Kanälen von Damnoen Saduak.

Die Garküchen an den Straßenrändern bieten allerlei Leckereien feil.

ZENTRALTHAILAND

Der Buddha wird oft in dieser »Bhumispharsa« genannten Haltung dargestellt, hier am Chedi im Wat Mahatat von Sukhothai.

Rechte Seite: Die Dächer des Wat Mahatat zieren himmlische Gestalten. Die drei weißen Prang des Tempels aus der Khmerzeit überragen das alte Stadtzentrum, das mit seinen alten Holzhäusern eines der reizvollsten des Landes ist.

Opfergaben in einem Becken mit Öl im zentralen Wihan des Wat Mahatat

halb der Stadt liegen, atmen die Ruinen von Sukothai dank ihrer freien Lage die ruhige Atmosphäre, die man mit diesem Königreich verbindet.

AUF DER SUCHE NACH DEM UNVERFÄLSCHTEN FLAIR

Wegen ihrer einmaligen Atmosphäre werden auch die schwimmenden Märkte gerne besucht – was leider wiederum genau zur Folge hat, dass die Atmosphäre verloren geht. Zudem sind die früher auf den Kanälen am Unterlauf des Menam allgegenwärtigen schwimmenden Märkte heute zu einer Randerscheinung geworden. Die meisten Kanäle Bangkoks mussten Straßen weichen und mit ihnen auch die Märkte. So ist heute das südwestlich von Bangkok liegende Damnoen Saduak das beliebteste Ausflugsziel von Bangkok aus. Nur wer im Ort übernachtet und früh morgens im Boot die Kanäle erkundet, kann hier noch einen Hauch der alten Stimmung erahnen. Wenn gegen neun Uhr die Busse ihre Touristenladungen ausspucken, verwandelt sich das beschauliche Kanalsystem des Örtchens in einen riesigen Souvenirmarkt und die Stille zerbröselt gnadenlos unter dem Ansturm plärrender Lautsprecher und dröhnender Bootsmotoren.

Wer Zeit und Lust hat, sich selbst auf die Suche nach solchen unverfälschten Märkten zu machen, der sollte die weit verzweigten Kanäle der sich südlich anschließenden Provinz Samut Songkhram ansteuern. So flach und wasserreich ist diese Küstenprovinz, dass sie sich besonders für den Anbau bewässerungsintensiver Früchte wie Lychees und Guaven eignet. Der hier am leichtesten zu findende schwimmende Markt ist in Amphawa, der im Gegensatz zu vielen anderen täglich stattfindet.

Noch etwas weiter südlich, ebenfalls in der Nähe des Meeres liegt Phetchaburi. Der Ort gehörte nie zu den wirk-

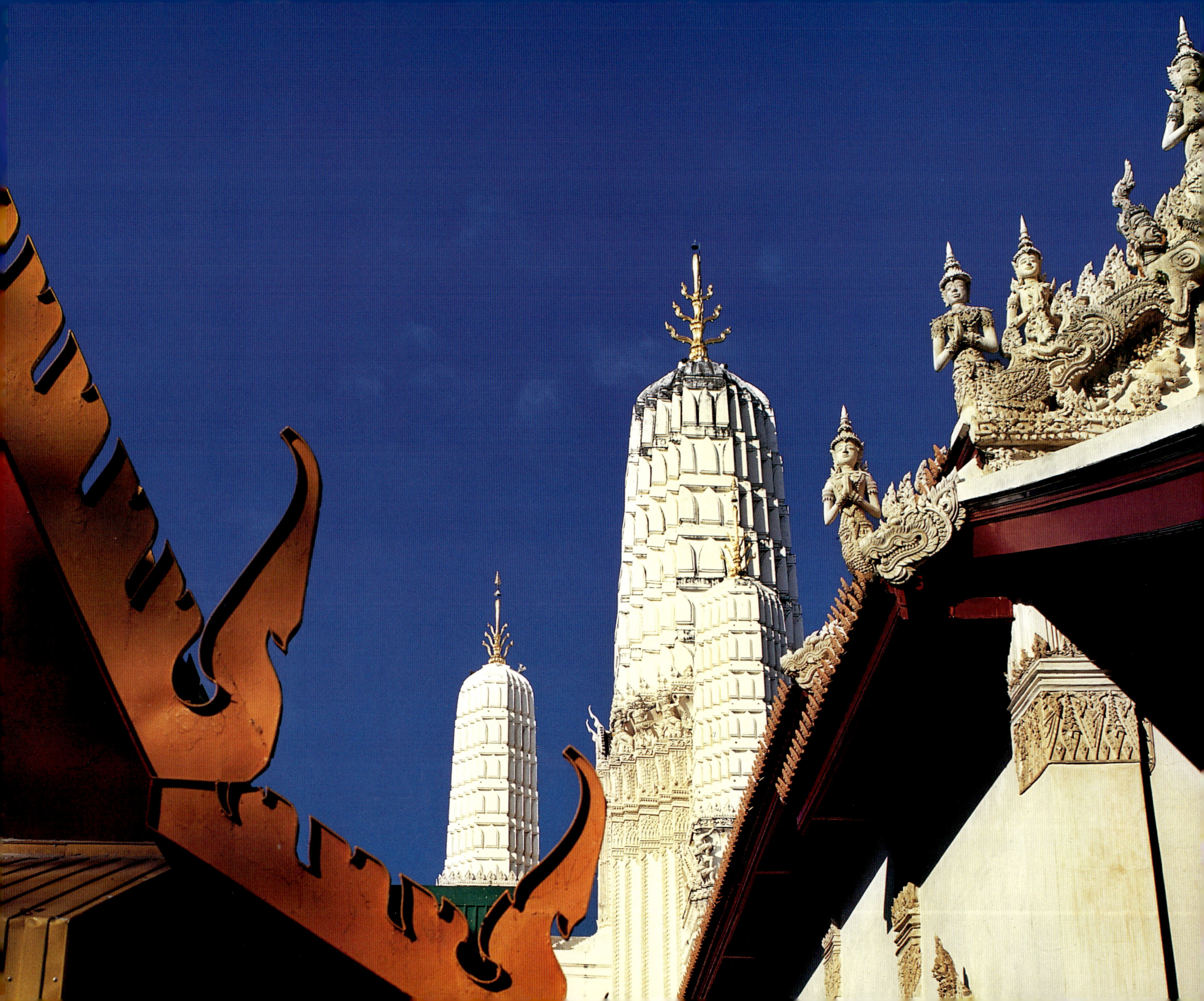

ZENTRALTHAILAND

Tempeltänzerinnen warten an vielen Tempeln darauf, von einem Gläubigen für einen rituellen Tanz engagiert zu werden, mit dem zum Beispiel um Fruchtbarkeit gebeten wird.

Das alte Herz Siams

lich wichtigen Städten des Landes – aber vielleicht gerade aus diesem Grund ist hier besonders viel der alten Substanz erhalten. Der Reiz der Ortschaft liegt im alten Stadtbild mit seinen vielen Tempeln begründet. Abseits der Touristenströme gelegen, obwohl von Bangkok schnell zu erreichen, lädt der Ort zum ruhigen Verweilen und Genießen ein – umso mehr, als es neuerdings auch schöne Unterkünfte gibt. Rund 30 Tempel finden sich in der Stadt, die interessantesten lassen sich auf einer Rundtour durch die Stadt zu Fuß erkunden. Insbesondere das Wat Mahatat mit seiner lebendigen Szenerie verführt zu einem ausführlichen Besuch.

KHAO LUANG – EIN MAGISCHER HÖHLENTEMPEL

Am Stadtrand liegt die sehenswerte königliche Residenz, die im 19. Jahrhundert unter König Mongkut auf einem Hügel errichtet wurde. Ein gepflasterter Weg führt auf den mit Wats dicht bebauten Hügel. Insbesondere zum Sonnenuntergang lohnt sich der Aufstieg zum Palast und dem historischen Park. Begleitet wird der Aufstieg von Affen, die über den Köpfen der Wanderer durch die Bäume tollen – ebenso wie beim außerhalb liegenden Khao Luang.

An diesem Hügel findet sich der vielleicht schönste Höhlentempel Thailands: Die Khao Luang Höhle enthält zahlreiche Buddhabildnisse. Zu erreichen ist der Tempel über eine Treppe, die zunächst in einen kleineren Vorraum führt. Von hier aus öffnet sich dann der Blick auf den weiten und hohen Hauptraum der Tham Khao Luang. Viele der hier zu bewundernden Buddhastatuen wurden ebenfalls von König Mongkut errichtet. Besonders reizvoll ist die Höhle übrigens, wenn gegen Mittag das Sonnenlicht durch die kleinen Öffnungen in der Höhlendecke auf den Boden der Höhle fällt und die reflektierten Strahlen die Buddhas geheimnisvoll erleuchten.

Szenen am Wat Mahatat: Wer einen Vogel freilässt, begeht eine gute Tat und erwirbt sich Verdienste. So wartet dieser Mann mit seinen Vögeln am Eingang des Tempels darauf, dass jemand etwas für sein Karma tun will.

Links unten: Am Wat Mahatat wartet eine Tempeltänzerin auf ein Engagement.

Vor dem Tempel bietet eine fliegende Händlerin Speisen und Erfrischungen an.

ZENTRALTHAILAND

Eine voll aufgeblühte
Seerose zeigt sich in
ihrer ganzen Pracht.

Entdecken und Erleben

Sukhothai Geschichtspark
In Sukhothai liegt der Ursprung des alten Siam. Die Ruinen der Tempelanlagen liegen inmitten großzügiger Grünanlagen. Der Park verströmt eine Atmosphäre majestätischer Ruhe, die Sie sofort in ihren Bann ziehen wird.

Ayutthaya Geschichtspark
Die Stadt Ayutthaya steuerte Jahrhunderte lang die Geschicke des Landes. Die alte Größe und Macht dieses Reichs ist auch heute noch zu spüren.

Die schwimmenden Märkte von Damnoen Saduak
Übernachten Sie im Ort und nehmen Sie sich ganz in der Früh ein Boot, um die Kanäle zu erkunden. So können Sie die ursprüngliche Atmosphäre erleben, bevor die Touristenströme aus Bangkok mit dem Bus ankommen.

Ein Bummel durch Phetchaburi
Die Stadt zählt zwar nicht zu den bedeutendsten historischen Stätten Thailands, aber hier können Sie lebendige Tempel und idyllische Häuschen entdecken.

Khao Luang Höhle bei Phetchaburi
Beobachten Sie still, wie die Sonnenstrahlen durch das Loch in der Decke fallen und die Buddhastatuen zum Strahlen bringen – ein wahres »Gänsehauterlebnis«.

Links oben: die Khao Luang Höhle bei Phetchaburi

Links unten: ein sitzender Buddha in Ayutthaya

Mitte: unterwegs im schwimmenden Markt von Damnoen Saduak

Rechts unten: Sonnenuntergang über den Anlagen von Sukothai

Rechts oben: das Wat Mahatat in Phetchaburi

Die 5 schönsten Erlebnisse im Zentrum

Schwimmende
Häuser liegen vor
einem Dorf der
Mon am Ufer des
Khao-Laem-Sees

Kanchanaburi
Thailands »Wilder Westen«

Lange war das Grenzgebiet zu Burma gefährliches Terrain. Doch seit der Drogenschmuggel nachlässt, öffnet sich dem Reisenden eine faszinierende Welt: Dschungelbedecktes Bergland, riesige Stauseen und wunderschöne Nationalparks warten auf ihre Entdeckung.

KANCHANABURI

Die hölzerne Brücke über einen Seitenarm des Khao Laem Sees in Sangkhlaburi ist die längste ihrer Art in Thailand. Sie ist Fußgängern vorbehalten.

Thailands »Wilder Westen«

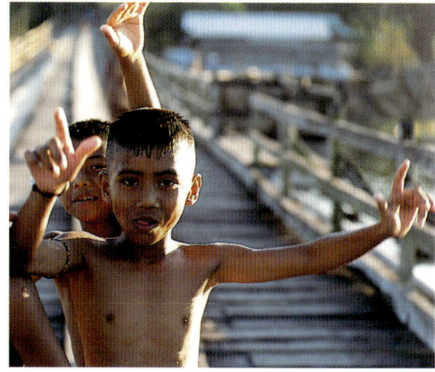

Langsam lichtet sich der Nebel über dem Wasser. Im gleißenden Licht der aufgehenden Sonne wird einen Augenblick lang das gegenüber liegende Ufer sichtbar. Die Szenerie erinnert mich an eine Welt, wie sie kurz nach ihrer Schöpfung aussehen muss. Tatsächlich liegt die Entstehung dieses Gewässers noch gar nicht lange zurück: Wir befinden uns hier in Sangkhlaburi, am Ufer eines ausgedehnten Stausees. Zahlreiche bewaldete Inselchen erheben sich aus dem See, der von dichten Waldgebieten und steilen Bergen gesäumt ist. Hier, im Grenzland zu Burma, liegt eine touristisch noch kaum erschlossene Region. Bis vor kurzem durchstreiften höchstens Schmuggler und burmesische Rebellen das waldreiche Bergland – sie wussten die Vorteile der abgelegenen Region zu schätzen. Heute ist sie dank ihrer wunderbaren Landschaften das Ziel von Thailands Ökotouristen – und das trotz der relativen Nähe zur Hauptstadt!

Die Geschichte von Thailands »Wildem Westen« ist nicht minder interessant als seine Landschaften: Berühmt – und berüchtigt – wurde die Region durch die Todesbahn, die Zwangsarbeiter im Auftrag der japanischen Besatzung während des Zweiten Weltkrieges bauen mussten. Die Streckenführung folgt übrigens exakt einer alten Verbindungs- und Invasionsroute zwischen Thailand und Burma. In kürzester Zeit wurde die Eisenbahnlinie durch das damals noch von dichtem Dschungel bewachsene Gebiet getrieben – unter enormen Verlusten an Menschenleben. Tausende der alliierten und asiatischen Kriegsgefangenen starben an Unterernährung, Tropenkrankheiten und Misshandlungen. Als

Kinder der Mon spielen und baden an der hölzernen Brücke am Ende ihres Dorfs. Neben dieser Monsiedlung gibt es in der Nähe des Sees auch ein Flüchtlingslager der Menschen, die sich in ihrer Heimat im Süden Burmas lange gegen die Vorherrschaft der Barmer und die Zugehörigkeit zu Burma gewehrt haben.

KANCHANABURI

Das Zuckerrohrfeld am Khwae Yai steht in voller Blüte.

Symbol für die Eisenbahnlinie gilt heute die Brücke über den Fluss Khwae Yai, deren Zerstörung der Film »Die Brücke am Kwai« – nicht wirklich wahrheitsgemäß – darstellt. So ist die Brücke am Ortsrand von Kanchanaburi, die in einigen Teilen noch im Original erhalten ist, heute eines der meist besuchten Ziele Thailands – vor allem Touristen aus Japan zieht es hierher. Der Rummel um die Brücke bildet dabei einen geradezu makaberen Kontrast zu ihrer traurigen Vergangenheit: Dass beim Bau der Eisenbahnlinie über 115 000 Menschen starben, davon ist in dieser Rummelplatzstimmung wahrlich nichts zu spüren. Während sich die zahlreichen Touristen auf der Brücke drängen, kehrt der Sechs-Uhr-Abendzug von seiner gut 70 Kilometer langen Fahrt aus Nam Tok zurück. Sein lautes Pfeifen scheucht die Schaulustigen zur Seite, während er im Schritttempo die Brücke passiert. Die Gedenkstätten für die getöteten Arbeiter liegen anderenorts, hier dominiert die Atmosphäre von Hollywood …

EIN ZUHAUSE AUF DEM HAUSBOOT

Unabhängig von dieser Entwicklung ist Kanchanaburi heute ein angenehmer Ausgangsort, um die reizvolle Landschaft und die Nationalparks der Umgebung zu erkunden. Auch längere Hausboot-Touren auf den Flüssen Khwae Yai und Khwae Noi lassen sich von hier aus unternehmen. So ein Hausboot ist wirklich etwas ganz Besonderes: An Bord kann man während der Fahrt schlafen und essen. Abwechslung bieten Stopps bei Wasserfällen und Höhlen, die zu Land-

THAILANDS »WILDER WESTEN«

Die Bücke am Khwae Yai ist eine der merkwürdigsten Attraktionen Thailands: Am Schauplatz eines Kriegsverbrechens erinnert die Atmosphäre an einen Rummelplatz – ihre Berühmtheit verdankt sie Hollywood … Die runden Bögen stammen noch von der Orginalbrücke, die mittleren Teile mußten nach amerikanischen Bombardements ersetzt werden.

Der Zug aus Nam Tok rollt auf der Rückfahrt im Schritttempo über die River Khwai Brücke. Neben ihrem eigentlichen Zweck als Transportmittel für die einheimischen Bauern ist die 70 Kilometer lange Zugstrecke eine Attraktion für Touristen.

spaziergängen einladen, etwa im Sai Yok Nationalpark, wo sich gleich zwei Wasserfälle direkt in den Fluss stürzen. Ansonsten vermittelt der sich links und rechts am Ufer erstreckende tropische Waldsaum die perfekte Kulisse einer Tropenidylle.

Folgt man dem Khwae Yai flussabwärts, gelangt man zu einem weiteren ausgedehnten Stausee – und zum Erawan Nationalpark, der die bekanntesten und schönsten Wasserfälle Thailands beherbergt. Direkt vom Eingang führen Wanderwege in den Park. Der Weg folgt in der atemberaubend schönen Landschaft den zehn Stufen des Wasserfalls, er klettert von einer Stufe zur nächsten. Die unteren Wasserfälle und ihre Becken gehören vor allem den Badenden. Doch folgt man dem immer schmaler werdenden Pfad

Kanchanaburi

Thailands »Wilder Westen«

Linke Seite: Im Sai Yok Nationalpark ergießen sich die Sai Yok Fälle direkt in den Khwae Noi. Hier warten zahlreiche Hausboote auf Kundschaft, um flussabwärts nach Kanchanaburi zu treiben.

Eine lange Hängebrücke überspannt den Khwae Noi beim Ort Thong Pha Phum.

Das »Sai Yok View Raft« lädt zum gemütlichen Übernachten und Speisen auf dem Fluss ein.

bergan, bleiben die thailändischen Gruppen mit ihren Picknicks zurück – wir sind fast allein, das Naturerlebnis steht im Vordergrund. Nach der Stufe drei sorgt ein Wächter am Checkpoint dafür, dass alle Lebensmittel zurückbleiben, um Fauna und Flora zu schützen. Weiter geht es entlang des Wasserlaufs – die üppige Vegetation und die Kaskaden bieten ein abwechslungsreiches, immer wieder neues Schauspiel. Die ersten sieben Stufen des Aufstiegs sind nur schweißtreibend, erfordern aber noch keine Geschicklichkeit. Doch danach wird der Pfad steil und glitschig. Über nasses Wurzelwerk und Felsen hangeln wir uns nach oben, müssen immer wieder inne halten und abwägen, welcher Pfad die besten Chancen verspricht, trocken nach oben zu gelangen. Doch obwohl es uns gelingt, jedes unfreiwillige

Kanchanaburi

Die Landschaft am Khwae Yai wird in Richtung des Erawan Nationalparks immer abwechslungsreicher.

Manchmal wird am Ufer auch Göttern und Geistern geopfert.

Den Park besuchen auch zahlreiche thailändischen Besucher, die kommen um hier zu baden.

Bad zu vermeiden, sind wir, endlich oben angekommen, völlig durchweicht: Wir können unsere durchgeschwitzten Hemden auswringen. Aber es ist keine Frage, unser Ausflug in die tropische Natur und der über viele Terrassen schäumende Wasserfall sind mehr als genug Entschädigung für die Strapaze.

Wer mehr sehen und ein richtiges Abenteuer erleben will, kann sich von hier weiter in Richtung Norden in die Provinz Tak durchschlagen. Noch gibt es hier, entlang der burmesischen Grenze, nur Schmugglerpfade und kleine Pisten – das ist ziemlich ungewöhnlich im ansonsten meist gut erschlossenen Thailand. Einzig die Route bis zum Drei-Pagoden-Pass an der burmesischen Grenze ist mittlerweile bestens ausgebaut. Der Hellfire-Pass ist die erste nennenswerte

THAILANDS »WILDER WESTEN«

Die Wasserfälle im Erawan Nationalpark werden zu Recht für ihre Schönheit gerühmt. In sieben Stufen, von denen jede ihrer eigenen Reiz hat, stürzt sich der Fluss hier zu Tal. Der oberste der Fälle – den nur wenige Besucher erreichen – ist der Namensgeber der Fälle: Er soll der dreiköpfigen Elefantengottheit Erawan aus der hinduistischen Mythologie ähneln.

Kanchanaburi

Erhebung auf dieser Strecke seit wir Kanchanaburi verlassen haben. Nun führt die Fahrt zu den Drei Pagoden. Der Pass in dieser idyllischen Landschaft verdankt seinen schrecklichen Namen dem Geschehen im Krieg. In das »Höllenfeuer« waren die Kriegsgefangenen geraten, die hier beim Bau der Siam-Burma Eisenbahnstrecke Frondienst leisten mussten: Allein das Graben eines 1000 Meter langen Einschnitts in das eisenharte Felsgestein forderte an die 400 Menschenleben. Heute wird den Opfern an einer Gedenkstätte auf der Passhöhe gedacht. Durchquert man die gut erschlossene Dschungellandschaft heute, lassen sich die Qualen der Zwangsarbeiter an der rund 400 Kilometer langen Bahnstrecke nur mehr schwer erahnen.

Eine abenteuerliche Motorradtour

Oberhalb der alten Gleise verläuft nun die neue, bestens ausgebaute Straße, über die wir mit unseren »schweren« 125 Kubik-Maschinen zu schweben scheinen. Je weiter wir nach Westen vordringen, desto interessanter wird die Landschaft. Hinter Thong Pha Phum nimmt uns die Schönheit des Anblicks, der sich uns bietet, fast den Atem: Karstfelsen säumen das plötzlich sichtbar werdenden Ufer des Khao Laem Stausees. Traumhafte Ausblicke über den See wechseln mit Strecken, die in abenteuerlich steilen Windungen durch die Berge führen. Unser Ziel ist das am Ende des Stausees gelegene Dörfchen Sangkhlaburi, in dem ein buntes Völkergemisch aus Mon, Karen, Burmesen, die aus ihrer Heimat geflohen sind, und Thai zu Hause ist. Für uns Europäer, gleichsam Besucher aus einer anderen Welt, sind die unterschiedlichen Gesichter der Dorfbewohner allerdings nur schwer zu auszumachen. Auf der Suche nach einer Unterkunft entscheiden wir uns für das phantasievoll über dem See angelegte »P Guest House«. Dies wird von einer Mon-

Ein Motorradtaxi mit Beiwagen wartet an der Grenze zu Burma auf Kundschaft.

Die Straße über den Hellfire-Pass ist heute bestens ausgebaut. Allenfalls im frühen Morgennebel, wenn die Umgebung im Ungewissen verschwindet, kann man sich heute noch den unberührten Dschungel vorstellen, durch den die Kriegsgefangenen die Todesbahn vorantreiben mussten.

Thailands »Wilder Westen«

Von diesen drei idyllisch gelegenen Pagoden erhielt der Pass seinen Namen.

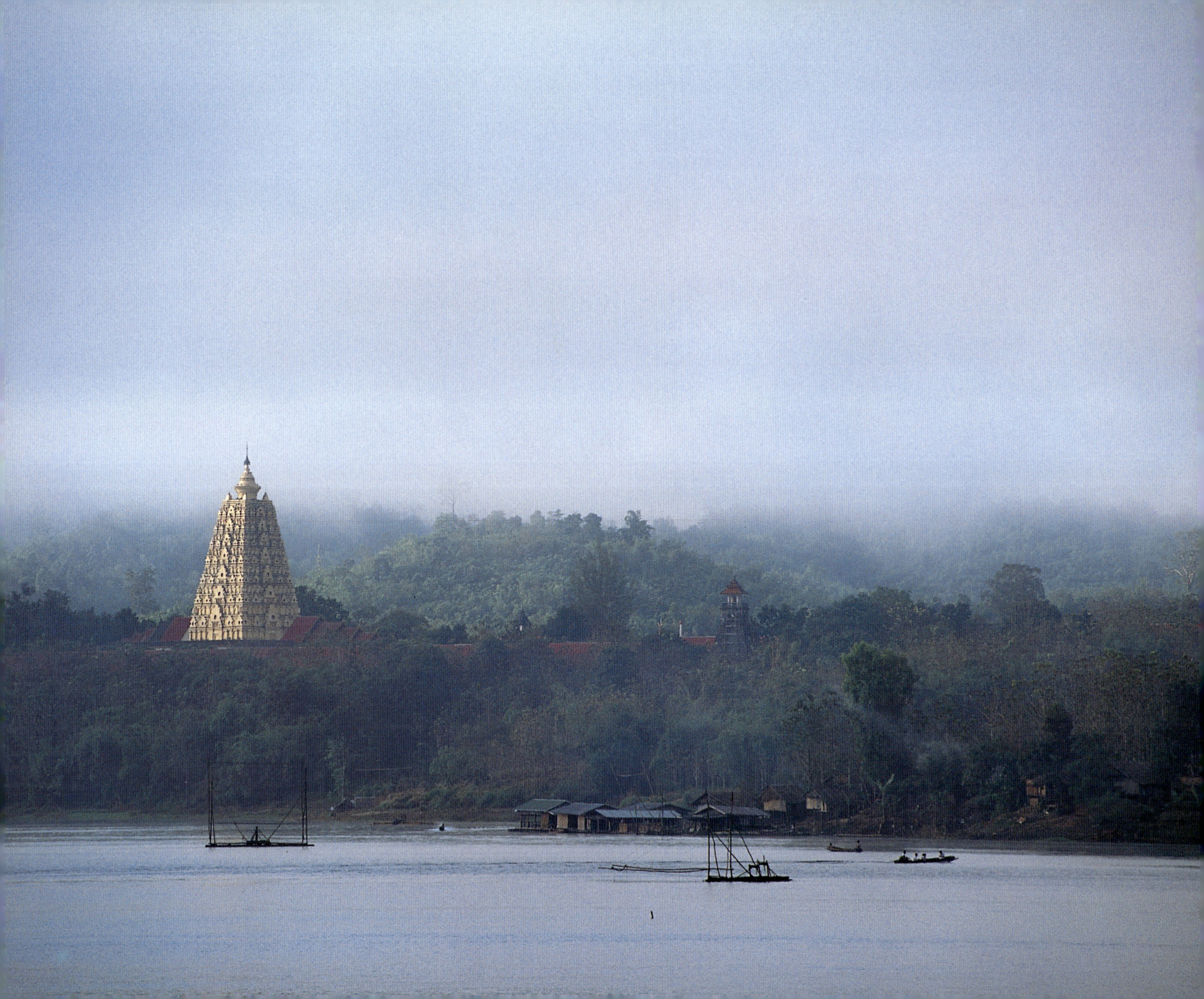

Thailands »Wilder Westen«

Familie betrieben, die seit vielen Jahren unablässig an den Details ihrer Herberge feilt.

Per Elefant und Boot durch den Dschungel

Einer der Höhepunkte eines Besuches in Sangkhlaburi ist ein Ausflug per Boot und Elefant. Unser Kapitän jagt sein Longtailboat mit Vollgas über den See, vorbei an einer versunkenen Pagode, die den aufgestauten Fluten zum Opfer fiel, und auf verschlungenen Wegen durch das Insellabyrinth. Schließlich geht es auf einem Nebenarm des Flusses zu einem Karendorf, wo sich der Sammelplatz der Elefanten befindet. Die Elefantenführer, allesamt Karen, treiben ihre Dickhäuter aus unterschiedlichen Richtungen zum Treffpunkt. Dort werden die Touristen auf die Elefanten verteilt. Je zwei Personen teilen sich eine schaukelige Plattform auf dem Rücken eines grauen Riesen. Sind alle Ausflügler untergebracht, geht der Ritt los. Die Karawane folgt im Wesentlichen einem Flusslauf, den wir immer wieder durchkreuzen, gelegentlich machen wir aber auch kurze steile Abstecher in den Dschungel. Wir bekommen hier zwar kein richtig abenteuerliches Dschungelerlebnis, aber zumindest einen ersten Eindruck vom Elefantenritt. Zur Abrundung des Programms treten wir den Rückweg auf kleinen, schwankenden Bambusflößen an. Was bei Niedrigwasser ein harmloser Spaß mit »Badegarantie« ist, kann sich bei reißendem Hochwasser allerdings schnell in eine böse Erfahrung verwandeln – wenn man nämlich schmerzhafte Bekanntschaft mit den Felsen schließt.

Doch wir kehren wohlbehalten zurück und setzen unsere Reise fort. Von Sangkhlaburi führt die Straße hinauf zum »Drei-Pagoden-Pass«, einem kleinen Örtchen in reizvoller Umgebung am Grenzübergang nach Burma. Ausländer dürfen hier allerdings nur den »kleinen Grenzverkehr« bis zum nächst gelegenen Marktort in Burma machen. Die Gegend ist erst seit Anfang der 1990er-Jahre für Ausländer zugänglich, denn erst damals errang die Regierung von Burma (bzw. Myanmar) die Kontrolle auf ihrer Seite der Grenze von den aufständischen Mon und Karen. Seitdem hat sich der bis zu dieser Zeit blühende Drogenschmuggel in abgelegenere Regionen verlagert und die Grenzgegend gilt nun als sicheres Ziel. Wir treffen sogar auf burmesische Nonnen aus einem nahen Kloster, die ihre tägliche Almosenrunde antreten. In einer langen Schlange kommen die rosa gewandeten Frauen die breite, verlassene Hauptstraße herab, sammeln die Gaben an den Restaurants des Touristenmarkts und passieren den Grenzposten ohne anzuhalten. Bald werden sie zurück in ihrem Kloster in Burma sein.

Burmesische Nonnen machen am Drei-Pagoden-Pass im »kleinen Grenzverkehr« ihre Almosenrunde.

Linke Seite: Morgens zaubert der Nebel eine geradezu unwirkliche Stimmung über den Khao Laem See.

Kanchanaburi

Leicht zu erreichen, wunderschön aber trotzdem abseits der Touristenroute liegt der Khao Laem Stausee in der Nähe der burmesischen Grenze. Viele Menschen in den Dörfern leben heute vom Fischfang in dem 1983 geschaffenen Stausee. Als der See geflutet wurde, mussten nicht nur Dörfer weichen. Auch das Wat Sam Prasop wurde überflutet und mußte auf den nahegelegenen Berg umziehen - wo es viel größer und prächtiger wieder aufgebaut wurde. Gerüchte wollen wissen, dass das Geld für das vor allem von Mon unterhaltene Kloster größtenteils aus Steuern auf den Grenzschmuggel stammt.

Thailands »Wilder Westen«

Ein kleines schwimmendes Dorf auf dem Khao Laem Stausee. Das wahre Ausmaß des Sees ist nur selten zu erahnen, da überall kleine Inseln aus dem Wasser ragen.

Kanchanaburi

»*In blinder Nacht liegt diese Welt,*
klar sehen hier nur wenige;
dem netzbefreiten Vogel gleich
steigt selten einer himmelwärts.«

Buddha,
Wahrheitspfad, XIII, 168, 174

Thailands »Wilder Westen«

Linke Seite: Einfach, aber geschmackvoll errichtet ist das »P Guest House«: ein bezaubernder Platz für einige Tage der Ruhe.

Langsam zieht das Abendrot über den Stausee.

Kanchanaburi

Auf dem Rücken von Elefanten kann man einige Winkel des Dschungels erkunden. Die Führer kommen mit den Dickhäutern aus den umliegenden Karendörfern zum Treffpunkt.

ENTDECKEN UND ERLEBEN

Links oben: Floßfahrt auf dem Khao Laem See

Links unten: Hausbootfahrt auf dem Khao Laem See

Mitte: Die »Brücke am Kwai« wird während der Zugfahrt überquert.

Rechts unten: die Wasserfälle im Erawan Nationalpark

Rechts oben: Elefantenritt durch den Dschungel am Khao Laem See

Erawan Nationalpark
Wandern Sie die sieben Stufen der Wasserfälle bergan und genießen Sie dieses einmalige Naturschauspiel. Wem es zu heiß wird, der kann sich zwischendurch mit einem Bad im kühlen Nass erfrischen.

Zugfahrt von Kanchanburi nach Nam Tok
Die ersten 70 Kilometer der Fahrt der einstigen »Todesbahn« sind noch erhalten. Hier gewinnen Sie einen Eindruck vom ländlichen Thailand – und auch vom Rummel an der »Brücke am Kwai«.

Hausbootfahrt auf dem Khwae Noi
In Kanchanaburi und am Sai Yok Nationalpark liegen zahlreiche Hausboote zur Vermietung bereit. Lassen Sie sich auf dem Fluss treiben – das Leben auf dem Wasser wird Ihnen gefallen!

Khao Laem See
Erleben Sie diesen faszinierenden Stausee am besten während einer Bootsfahrt: Zwischen dicht bewaldeten Hügeln liegt er inmitten einer traumhaften Landschaft. Die zahlreichen Inseln warten nur auf ihre Entdeckung!

Elefantenritt
Erleben Sie die Natur am Ufer des Khao Laem Sees aus anderer Perspektive: In Sangkhlaburi starten die Elefanten-Touren.

Die 5 schönsten Erlebnisse in Kanchanaburi

Der Dschungel im Nordwesten ist das Reich der thailändischen Minoritäten. Dieses kleine Mädchen gehört dem Volk der Langohr-Karen an. Der Name stammt vom Ohrschmuck der Frauen und den dadurch verursachten langen Ohrläppchen.

DER NORDEN
Unterwegs zum »Goldenen Dreieck«

Das Goldene Dreieck zwischen Burma, Laos und Thailand verdankt seinen berühmt-berüchtigten Ruf dem Opium. Doch in Thailand blühen keine Mohnfelder mehr. Die Dschungelgebiete warten nun mit unberührter Natur und einem bunten Völkergemisch auf.

Der Norden

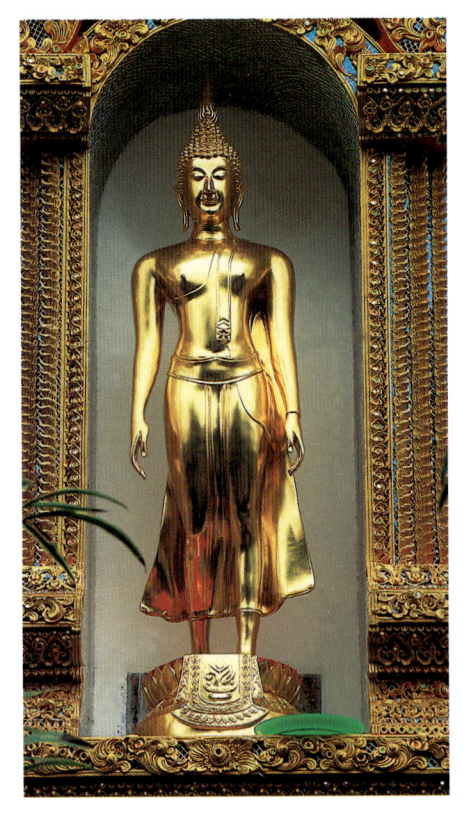

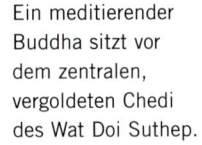

Ein meditierender Buddha sitzt vor dem zentralen, vergoldeten Chedi des Wat Doi Suthep.

Die Tempelanlage Wat Phra That Doi Suthep liegt hoch über Chiang Mai und gehört mit ihren schön gearbeiteten Gebäuden im Lanna-Stil zu den schönsten überhaupt. Das Waldgebiet um den Tempel ist ein Nationalpark und bietet noch Lebensraum für zahlreiche Tierarten und Gelegenheit für Wanderungen.

Wie der Westen, so bietet auch der Norden Thailands reichlich Gelegenheit zu Begegnungen mit den ethnischen Minderheiten und auch der Natur Thailands. Ganz im Norden am Mekong liegt das berühmt-berüchtigte Goldene Dreieck, das seinen Namen dem hier einst blühenden Drogenschmuggel zu verdanken hat. Der Norden Thailands hat ein solches »Negativimage« aber nicht verdient: Hier finden sich mit die ältesten Spuren der Besiedlung durch die Thai und mit Chiang Mai die zweitgrößte Stadt des Landes. Während der Süden Thailands erst ab dem 13. Jahrhundert unter die Kontrolle der Thai kam, waren sie bereits ab dem 8. Jahrhundert in den Norden Thailands, aber auch in den Norden der heutigen Staaten Burma und Laos eingewandert. Lange Zeit waren diese Gebiete enger miteinander verbunden als mit den siamesischen Königreichen Sukhothai und Ayutthaya.

Fast zur gleichen Zeit mit Sukhothai entstand im Norden Thailands das Reich Lanna um das Zentrum Chiang Mai, das auch das Gebiet der Shan im heutigen Myanmar umfasste. Lan Na Thai, das »Land der eine Million Thai-Reisfelder« lautete der poetische Name des Staates, der sich sechs Jahrhunderte als unabhängige Macht behaupten konnte. Bis heute streiten sich Thai und Laoten, ob dieses Reich eigentlich laotischer oder thailändischer Herkunft gewesen sei. Man darf allerdings getrost davon ausgehen, dass eine solche Unterscheidung zwischen Thai und Laoten damals nicht existierte. Selbst heute noch haben die nördlichen Gebiete Thailands mehr mit ihren laotischen Nachbarn ge-

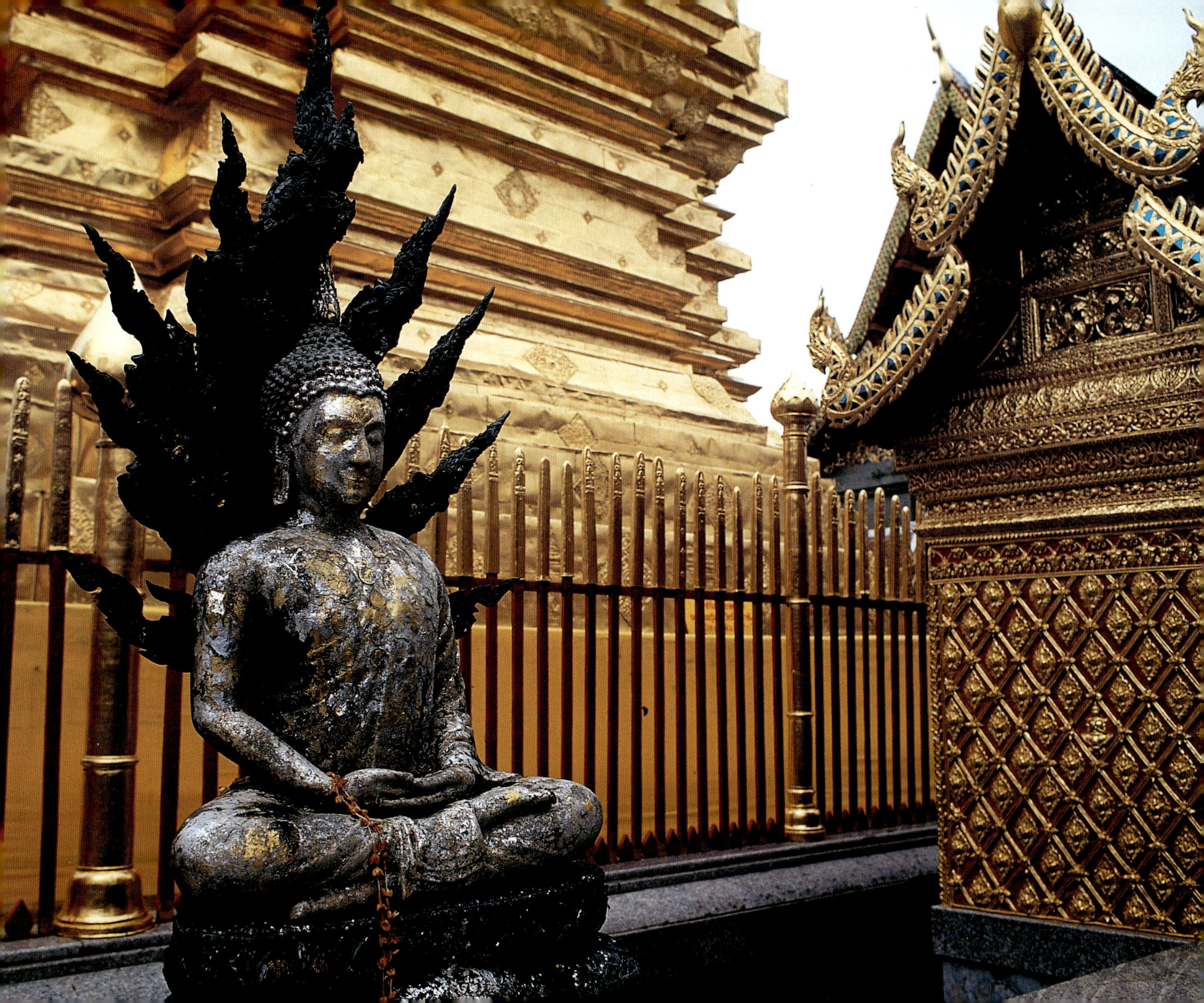

Der Norden

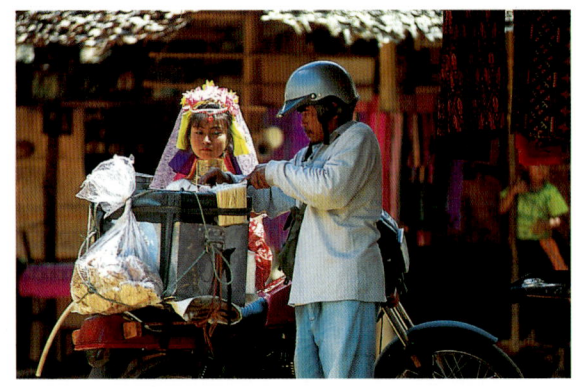

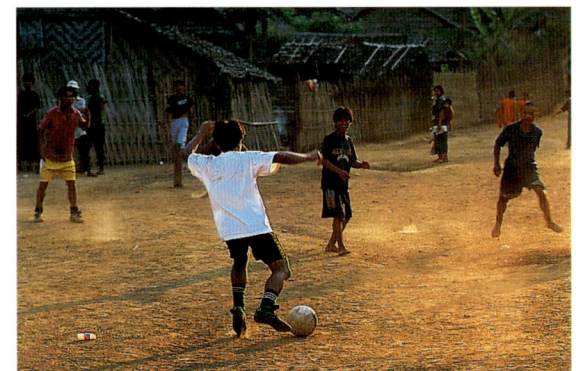

Zahlreiche Karen-Flüchtlingscamps liegen nahe Mae Hong Son. Die Padaung-Frauen tragen eine lange Kupferspirale um den Hals, die die Schultern abwärts drückt und den Hals optisch verlängert.

Abends wird im Karen-Camp Fußball gespielt.

Badespaß in den Wasserfällen am Doi Inthanon.

mein, als mit dem übrigen Thailand: Ein Thai, der vom Khorat-Plateau stammt, kann sich problemlos mit seinen nördlichen Nachbarn aus Laos verständigen, seinen Dialekt wird aber in Bangkok kaum ein Stadtbewohner verstehen.

Parallel zum Aufstieg des ersten Thai-Reiches kam 1287 das Ende für das burmesische Königreich von Pagan. Lanna nutzte diese günstige Gelegenheit, seinen Machtbereich auf Kosten Burmas auszudehnen. Während Burma in viele kleine Königreiche zerfiel, entstand auch in Laos das erste Königreich. Lan Xang, das »Reich der eine Million Elefanten«, wird zwar in den Annalen von Laos als das erste laotische Reich geführt, war aber in Wahrheit ein Vasallenstaat

Unterwegs zum »Goldenen Dreieck«

Ein Karendorf im Dschungel: Bis heute sind die Häuser der Minoritäten einfach und traditionell erbaut, obwohl die Nächte im Winter im Bergland empfindlich kühl werden. Unter den auf Pfählen errichteten Häusern ist Platz für Schweine und Hühner.

der Khmer. Inschriften aus dieser Zeit bezeichnen die Bewohner des Landes als Thai – was bis heute die wissenschaftliche und auch populäre Diskussion anheizt, worin denn eigentlich die wirklichen Unterschiede zwischen Thai und Laoten bestehen.

Wenn zwei sich streiten ...

Lange Zeit kämpften Lanna und Ayutthaya um die Vorherrschaft in Siam. Doch das Ende des unabhängigen Lanna kam von anderer Seite. Die Burmesen nutzten die Schwäche der sich gegenseitig bekriegenden Reiche Lanna und Ayutthaya, um ab 1558 erst Lanna und dann Ayutthaya zu besetzen. Zwar konnte Ayutthaya sich 24 Jahre später von der Fremdherrschaft befreien und die Burmesen gar kurzfristig aus Lanna vertreiben. Doch erst 1776 errang der siamesische General Taksin den endgültigen Sieg über die burmesischen Truppen. Auch wenn Lanna anschließend wieder unabhängig wurde, war seine Blütezeit doch vorbei. Innerhalb eines Jahrhunderts musste es die Oberhoheit Siams anerkennen, das schließlich von den mittlerweile in Burma als Kolonialmacht regierenden Briten gezwungen wurde, den nördlichen Teil Lannas, den Shaan Staat, an Burma abzutreten.

Bis heute hält sich die Begeisterung vieler Einwohner im Norden für den Staat Thailand in Grenzen. Dazu trägt bei, dass mit den Bergvölkern Gruppen den Norden besiedeln, die Thailand noch in den 1980er-Jahren als fernes Land in der Tiefebene betrachteten. Erst in den letzten zwei Jahr-

DER NORDEN

Reisfelder prägen die Landschaft im Ping Tal am Fuß des Doi Inthanon, dem höchsten Berg Thailands.

Unterwegs zum »Goldenen Dreieck«

hunderten wanderten diese Gruppen aus den östlichen Ausläufern des Himalaya in die damals noch unbesiedelten Bergländer im Norden von Burma, Thailand und Laos ein. Zu den tibetischstämmigen Völkern gehören die Karen, Akha, Lahu und Lisu. Aus dem südlichen China kamen die Hmong und Mien.

Das größte dieser Völker bilden die Karen, die in der Mehrheit in Burma leben und dort bis heute um ihre Unabhängigkeit kämpfen. Aber auch in Thailand leben sie in zahlreichen Flüchtlingscamps, die sich entlang der burmesischen Grenze ziehen. In Thailand unterteilen sich die rund 350 000 Karen weiter in die Stämme der Karenni, Sgaw, Pwo und Pa-O – ein wahrhaft babylonisches Völkergemisch, das hier friedlich nebeneinander lebt.

In der Provinz Mae Hong Son, ganz im Nordwesten Thailands, findet sich das bunteste Völkergemisch. Zu erreichen ist die bergige Provinz Mae Hong Son über kurvige Straßen, die sich in spektakulären Kehren, manchmal halsbrecherisch steil über die Berge winden. Die bekannteste der hier anzutreffenden Karen-Gruppen sind wohl die Padaung, eine zahlenmäßig eher kleine Gruppe. Ihre Frauen wurden auf Grund ihres höchst ungewöhnlichen Halsschmucks, mit dessen Hilfe ihre Hälse extrem lang werden, als Langhals- oder Giraffenfrauen bekannt. Eingesperrt in Flüchtlingslager verbringen die Padaung ihr Leben zwischen den Fronten. In ihrer Heimat in Burma herrscht Krieg, die Einreise nach Thailand und die Arbeitserlaubnis bleibt ihnen dort aber verwehrt.

Der Mekong ist im so genannten Goldenen Dreieck die Grenze zu Laos, dessen Hügel hier jenseits des Flusses im Dunst verschwinden.

Der Norden

Manchmal winden sich die Straßen halsbrecherisch steil durch die Berge des Nordwesten – ein besonderer Genuss für Motorradfahrer.

Der früher übliche Anbau von Mohn zur Opiumgewinnung ist verschwunden. Neue Straßen sorgen dafür, dass heute Gemüse und andere landwirtschaftliche Produkte auf den Märkten verkauft werden können.

So leben sie heute von Touristengruppen, die kommen, um den seltsamen Schmuck der Padaungfrauen zu bestaunen – im Eintrittspreis von 250 Baht ist die Fotoerlaubnis inbegriffen. Zwar leben die Menschen im Lager vergleichsweise komfortabel von dieser Zurschaustellung ihrer kulturellen Eigenart – aber sie haben praktisch keine andere Wahl. Und da die Einnahmen, neben dem Anteil den die Stadtverwaltung von Mae Hong Son und die örtliche Guerilla kassiert, vor allem an die Familien geht, deren Frauen den Schmuck tragen, sieht man heute noch viele Mädchen mit dem Messingspiralen um Hals und Beine. Für die Frauen, die den Schmuck tragen müssen, ist er wohl eher Fluch als Segen. Zwar stimmt es nicht, wie gelegentlich behauptet wird, dass die so Geschmückten ohne die Metallspirale nicht mehr leben könnten, da der überstreckte Hals den Kopf nicht mehr tragen könne. Tatsächlich werden nämlich durch das Gewicht der Spirale die Schultern und Schlüsselbeine so weit nach unten gedrückt, dass der Eindruck eines verlängerten Halses entsteht und nicht etwa die Halswirbel ausgehängt. Doch bleibende Spuren hinterlässt die Prozedur allemal. Nur ist es eine traurige Tatsache: So lange in ihrer Heimat, dem Kanyinstaat in Burma, kein Frieden herrscht, werden die Frauen hier keine Wahl haben, wenn sie etwas Geld verdienen wollen.

Im äußersten Norden Thailands liegt das berühmt berüchtigte Goldene Dreieck. Wie bereits erwähnt, gelangte die Gegend durch den Anbau von Drogen zu ihrem schlechten Ruf. Doch heute sind die Mohnfelder zumindest auf thailändischer Seite praktisch völlig verschwunden. Hier eröffnete die staatliche Verwaltung den Bauern der Bergstämme andere Anbaumöglichkeiten, und ließ zumindest in die Nähe fast aller Dörfer Straßen bauen. So können die Bauern die Erträge der Felder zum nächsten Markt trans-

Unterwegs zum »Goldenen Dreieck«

Telefonzellen finden sich dank moderner Technik überall entlang der Straßen in Thailand auch in den abgelegensten Regionen.

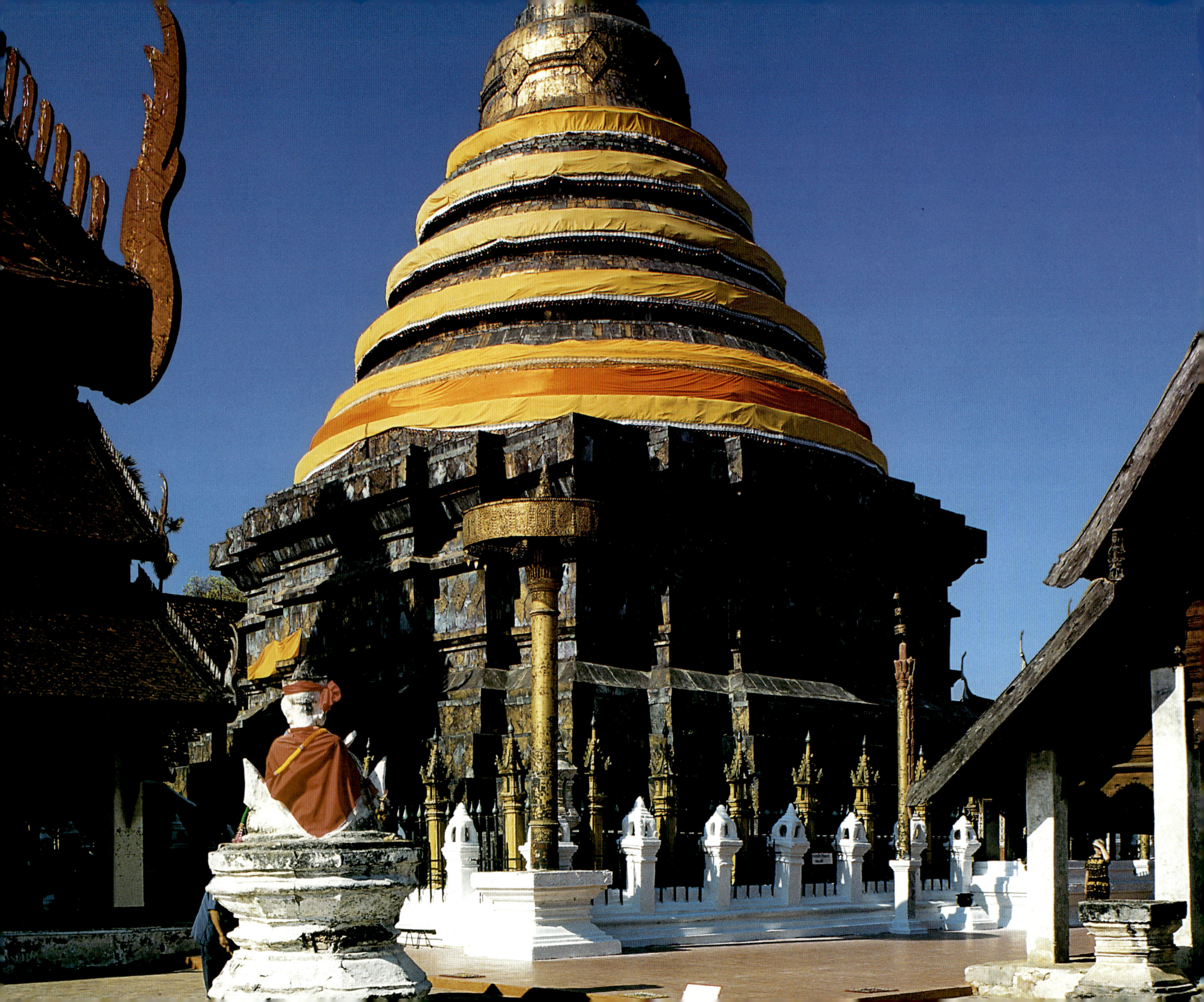

Unterwegs zum »Goldenen Dreieck«

portieren. Zudem wird der grenzübergreifende Drogenschmuggel mittlerweile weit energischer bekämpft als dies früher der Fall war. So lange jedoch auf burmesischer Seite kein Frieden herrscht und die Aufständischen ihre Kriegskassen mit Hilfe des Drogenschmuggels füllen, wird das Problem nicht endgültig zu lösen sein. Doch hier am Mekong ist davon nichts zu spüren. Auf der anderen Seite des Flusses dösen verschlafene laotische Dörfer. Von dort aus, dem Örtchen Huay Xai, lassen sich Fahrten den Mekong hinauf und hinunter unternehmen, während der man im wahrsten Sinne des Wortes Grenzgänge zwischen zwei Welten erlebt: Im Süden das betriebsame Thailand, im Norden das langsam aus dem Dornröschenschlaf erwachende Laos.

Chiang Mai – die Rose des Nordens

Ausgangspunkt für Touren durch den Norden ist die Stadt Chiang Mai. Die als »Rose des Nordens« gepriesene Stadt ist mit ihren zahlreichen Tempeln und Kunsthandwerksmärkten aber auch für sich selbst ein beliebtes Reiseziel. Die Tempelanlagen im Lannastil unterscheiden sich deutlich von denen im Süden. Die vielleicht schönste Anlage liegt oberhalb von Chiang Mai auf dem 1600 Meter hohen Berg Doi Suthep. Bei schönem Wetter schweift der Blick von hier über Chiang Mai und die Ebene – hängt der Gipfel aber in den Wolken, verbreitet sich um die Klosteranlage eine geheimnisvolle, fast mystische Stimmung.

Neben Chiang Mai spielte in der Geschichte auch die etwas weiter südlich gelegene Stadt Lampang eine wichtige Rolle. Vor ihren Toren befindet sich eine der wichtigsten Tempelanlagen Nordthailands, das Wat Phra That Lampang Luang. Die im eleganten Lannastil errichtete Anlage stammt im Wesentlichen aus dem 15. und 16. Jahrhundert. Das im Jahr 1476 erbaute, zentrale Wihan Luang gilt als das

Ein Elefant wird im Trainingscamp Lampang nach dem Arbeitstag zum Bad gebracht, wo ihm der Mahout den Rücken schrubbt.

Linke Seite: Im Wat Phra That Lampang Luang steht neben dem mächtigen Chedi ein unscheinbares Haus, der Wihan Nam Tam, der das wahrscheinlich älteste Holzgebäude Thailands ist. Die neueren Wihans zeichnen sich dagegen durch die elegante Lanna-Architektur aus.

Volle Konzentration auf alles, das man tut, wird von den Mönchen verlangt. So ist das tägliche Kehren des Klosterhofes eine besondere Form der Meditation.

Der Norden

»Sei wachsam, halte standhaft aus,
Geh' weiter deinen rechten Gang;
Wer recht geht, lebet glücklich hier
In diesem und in jenem Sein.«

*Buddha,
Wahrheitspfad, XIII, 168, 174*

Unterwegs zum »Goldenen Dreieck«

Linke Seite: Lisu-Mädchen verkaufen Souvenirs.

Solch sattgrüne Landschaften finden sich im Norden Thailands.

DER NORDEN

»Schöner Wohnen« in Thailand: Das Regent Hotel bei Chiang Mai liegt traumhaft in den Reisterrassen und auch das hauseigene Spa bietet erlesene Innenarchitektur.

älteste Holzgebäude Thailands. Die Stadt bietet noch eine weitere Attraktion: Eines der besten Zentren zur Ausbildung von Arbeitselefanten, das Thai Elefant Conservation Center. Täglich werden hier Trainingseinheiten vor Publikum durchgeführt. Die Arbeitselefanten sind heute weitgehend arbeitslos, da im Jahr 1989 der Einschlag von Teakholz verboten wurde. So wird heute diskutiert, was mit den vielen überflüssig gewordenen Arbeitselefanten geschehen soll. Ein Vorschlag lautet, ihnen auf der Insel Ko Chang, übersetzt lautet der Name »Elefanteninsel«, eine neue Heimat zu geben. Denn aus der Geschichte Thailands sind Elefanten nicht wegzudenken. Bis 1917 zierte sogar ein weißer Elefant die Fahne Siams.

ENTDECKEN UND ERLEBEN

Trekking am Doi Inthanon
Durchwandern Sie die einzigartige, von Kalksteinbergen geprägte Landschaft rund um Thailands höchsten Gipfel (2200 Meter). Wem es zu heiß wird, der steigt auf den Elefantenrücken um. Abwechslung bieten auch der Besuch in den Dörfern der hier zahlreich vertretenen ethnischen Minderheiten.

Papierschirmfabrikation in Chiang Mai
Erleben Sie mit, wie hier Papier hergestellt wird und im Anschluss zu den zauberhaften, kunstvoll bemalten Schirmen verarbeitet wird.

Doi Suthep
Diese feine Tempelanlage liegt hoch über Chiang Mai. Allein der fantastische Ausblick von dort oben ist des Besuchs wert, und der Tempel ist ein wahrer Augenschmaus.

Rundfahrt im Goldenen Dreieck
Das Dreiländereck zwischen Burma, Laos und Thailand gelangte durch den früher hier blühenden Drogenschmuggel in Verruf. Heute lockt das Panorama am Mekong.

Elefantenausbildungszentrum bei Lampang
Erleben Sie mit, wie die gutmütigen Dickhäuter für ihre verschiedenen Arbeitsdienste erzogen werden.

Links oben: goldene Buddhafiguren im Doi Suthep

Rechts oben: das Elefantenausbildungszentrum von Lampang

Mitte: bunte Papierschirme aus Chiang Mai

Rechts unten: der Mekong im Goldenen Dreieck

Links unten: Blick vom Doi Inthanon

Die 5 schönsten Erlebnisse im Norden

Träume werden wahr an Krabis Tham Phra Nang Strand.

An den Küsten
Thailands Traumstrände

Thailand ist das Land der Traumstrände. Am Golf von Thailand und an der Andamanensee finden sich wahre Paradiese unter Palmen. Mit den Zehen im Sand und dem Cocktail in der Hand genießen wir den Blick auf das türkisblaue Meer und wandeln auf Robinsons Spuren.

Nordthailand
Zentralthailand
Westthailand
Bangkok
Golf von Thailand
Küstengebiet
Andamanensee

An den Küsten

Eine Strandbar versüßt die Tage des Nichtstuns.

Kinder und Urlauber am Hat Sai Khao auf Ko Chang

Fast am Ende der Welt – und doch nur eine halbe Tagesreise von Bangkok entfernt: In der Provinz Trat an der kambodschanischen Grenze warten die einsamen Strände der kaum besuchten Inseln auf die Erweckung aus dem Dornröschenschlaf. Seitdem sich die Lage im Nachbarland stabilisiert hat, dient Trat nicht mehr vorrangig Schmugglern und Flüchtlingen als Basis. Insbesondere Ko Chang hat vollständig die Klientel gewechselt: Vor allem Rucksackreisende genießen die landschaftlichen Schönheiten der »Elefanteninsel«. Unter den dschungelbedeckten Bergrücken erstreckt sich an der Westküste eine Reihe wunderschöner Strände. Der jeweils angesagteste Strand verlagert sich immer weiter in Richtung Süden, je weiter die Straße um die Insel ausgebaut wird. Gar nicht mehr »cool« ist Hat Sai Khao, der White Sand Beach, der als erster Strand der Insel erschlossen wurde. Mit seiner langen Reihe von Bungalows, Restaurants und mittlerweile auch Internetcafes ist er aber immer noch ein schöner Ort für alle Besucher, die nicht wegen der nächtlichen Beachpartys kommen. Hier, am Palmenstrand, mit einem Bier oder Sundowner den Sonnenuntergang beobachten – dann ist das Leben perfekt!

Wunderbar gelegen ist auch die »Tree House Lodge« südlich von Hat Kaibe. Inmitten von Mangrovenhainen ist diese Holzkonstruktion mit ihren Unterkünften und dem Restaurant mit viel Phantasie auf ein Stückchen Felsen gebaut. Genug gedöst und aufs Meer geschaut? Dann geht's auf einem kleinen Motorrad um die Insel, deren Berge auch zu einer Wanderung einladen – wären da nicht die tropischen Temperaturen. Selbst im so genannten Winter braucht der Wanderer keinen Wasserfall, um tropfnass zu werden. Bei jedem Schritt bergan sammelt sich der Schweiß auf der Haut, bis er in kleinen Bächen über die Brust rinnt und aus den Augenbrauen tropft. Wem das nichts ausmacht, der

THAILANDS TRAUMSTRÄNDE

Als schmales Band zwischen Meer und den von Dschungel bedeckten Bergen zieht sich der Hat Sai Khao auf Ko Chang hin. Am Abend säumen die Stühle und Tische der Restaurants den Strand und der frische Fisch brutzelt auf dem Grill.

An den Küsten

Vom Dschungel bedeckte Berge und eine kleine Lagune im Süden Ko Changs: Noch ist die Insel nur teilweise durch Straßen erschlossen und große Teile der »Elefanteninsel« sind dicht bewaldet.

sollte die Insel durchqueren. Ein abenteuerlicher Pfad über die bergige Insel verbindet die Wasserfälle Khlong Phu im Westen mit Tham Mayom im Osten.

Pulsierendes Nightlife in Pattaya

Wasserfälle, Ruhe und Natur – davon ist in Thailands berühmt-berüchtigtem Badeort Pattaya nichts zu finden. Jeder nur mögliche Lärm, vor allem aus den Lautsprechern der unzähligen Bars, scheint hier zum Alltag zu gehören. Auf den Nachtmärkten drängen sich die offenen Bars mit ihren umlaufenden Tresen dicht an dicht – und aus jedem Raum dringt laute Musik. Einige Kneipen haben gar Live-Bands zu bieten, doch schon aus wenigen Metern Entfernung geht deren Musik im allgemeinen Getöse unter. Fast jeder dieser Märkte hat eine Bühne zu bieten, auf denen eine Travestie-Show zum Besten gegeben wird. In perfektionierter Form mit viel Glanz und Glimmer ist der Auftritt der Transvestiten im Alcazar zu bestaunen. Zahlreiche Busse karren die Kundschaft heran, Reisegruppen aus der ganzen Welt. Die 18-Uhr-Vorstellung ist allabendlich fest in japanischer Hand. Extra für die Kundschaft aus dem Land der aufgehenden Sonne wird eine Nummer mit Geishas gezeigt. Und siehe da, bei dieser eher lauen Nummer wird das Publikum plötzlich munter und klatscht auf ein Zeichen von der Bühne brav mit. Wem all das noch zu leise ist, der kann die Nacht danach in einer der zahlreichen Discos zubringen, unter ihnen die größte Disco Thailands, in der bis zu 6000 Besucher Platz finden!

THAILANDS TRAUMSTRÄNDE

Wer die lärmenden Bars weniger liebt und eher der Erholung als des Nachtlebens willen nach Thailand reist, dem sei von Pattaya abgeraten, auch wenn die Stadt neuerdings versucht, sich als Familienziel zu vermarkten: Das Meer vor dem langen Badestrand ist nämlich nicht das sauberste. Dafür ist Pattaya aber der Bangkok nächstgelegene Strand und eine gute Ausgangsbasis für Taucher aus aller Welt.

AUF KO SAMUI DIE SEELE BAUMELN LASSEN

Wer also nach einer langen Nacht genug von Pattaya hat, der besteigt am nächsten Morgen den Direktflug nach Ko Samui. Der Unterschied zwischen den beiden Orten wird schon am Flughafen augenfällig: Eingeschmiegt zwischen Palmen und Hügeln liegt die kleine Landebahn. Nach einem kurzen Marsch über das Rollfeld betritt man das vielleicht schönste Terminal der Welt. Schon hier fühlt man sich im Urlaub, da der Flughafen eher an eine Bungalowanlage erinnert, denn an die gewohnt kühlen Abfertigungshallen. Schon wenige Meter weiter beginnt die Palmen gesäumte Küste mit Blick auf den Big Buddha, einem der Wahrzeichen Ko Samuis. Auch wenn sich die Wirtschaft der Insel inzwischen vom Kokosnussanbau auf Tourismus umgestellt hat – noch gibt es weit mehr Kokospalmen denn Betten auf der Insel. Von einigen Kritikern als zu kommerziell geschmäht, hat Ko Samui doch für jeden Geschmack etwas zu bieten. Es sind nicht wie auf Phuket die teuren Ressorts, die das alleinige Sagen übernommen haben. Überall am Strand gibt es noch die kleinen, preiswerten Hütten und Restaurants. Zugegebenermaßen sind nur noch wenige so rustikal wie vor 20 Jahren. Aber seien wir ehrlich, wer will das schon? Selbst das jüngere Publikum ist heute verwöhnter als die Reisenden in den Anfangszeiten des Tourismus in Thailand. Und so genießt man hier die angeneh-

Kleine Pflanzungen drängen sich in den Dschungel, bis er nur noch in einigen unzugänglichen Winkeln zu finden ist.

AN DEN KÜSTEN

Ein Fischerboot ist auf der Rückkehr vom Fang vor der Küste von Trat. Zum Schutz vor der Sonne trägt der Fischer die unheimlich anmutende Maske.

THAILANDS TRAUMSTRÄNDE

men Unterkünfte an den schönen Stränden. Wer auch hier das Nachtleben in den Discos sucht, nimmt sich seine Unterkunft am besten nahe der Zentren von Lamai und Chaweng – und wer lieber die Ruhe am Traumstrand genießt, mietet sich einen Bungalow an den entlegenen Enden der kilometerlangen Strände, genießt das herrliche Wasser und das gute Essen in den kleinen Restaurants am Strand. Am Abend stellen die Restaurantbetreiber Tische und Stühle in den Sand. In traumhafter Umgebung können wir uns dann das leckere Thai-Essen schmecken lassen: Frischer Fisch süßsauer, thailändisches Curry, gebackene Shrimps mit Knoblauchbutter, Ingwer-Huhn, Austern, Tintenfisch, oder ganz schlicht gebratenen Gemüsereis mit viel frischem tropischem Obst?

EIN PARADIES FÜR SPORTBEGEISTERTE

Wer sich sportlich betätigen möchte, dem bieten Bootsausflüge zum Schnorcheln, Tauchen oder Kajakfahren in den Ang Thong Marine Nationalpark allerlei Abwechslung. Einen Tag zwischen den Inseln des Meeresnationalparks zu verbringen, gehört zu den beeindruckendsten Erlebnissen eines Aufenthaltes in Thailand. Mit dem Kajak lassen sich auch die Höhlen in den aus dem Meer ragenden Karstfelsen befahren, die durch die ständige Brandung gebohrt und gefräst wurden. Wenn man weiß wo, findet man so auch Zugang zu verborgenen Lagunen, den Hongs, wie die Thailänder sie nennen. Es ist eine Traumwelt aus Karstgestein und Wasser, Felsen und Stränden, Schnorcheln, Paddeln und Genießen …

Und doch, Ihnen ist das das alles viel zu erschlossen? Na gut, vom Big Buddha Pier fahren die Boote hinüber nach Ko Phangan. Von Hat Rin aus – ja richtig, dem Schauplatz der legendären Fullmoon Partys – geht es per Boot oder zu

Weite Teile von Ko Chang sind dünn besiedelt und leben vom Fischfang. Doch an der Westküste werden die Strände mehr und mehr zu Zielen für Touristen. Den Rucksackreisenden und den einfachen Hütten werden bald die großen Hotels und Reisegruppen folgen.

An den Küsten

Abendlicher Lichterzauber an einer Strandbar.

Auch in der einfachsten Strandbar ist Platz für ein Poolbilliard, das bei Einheimischen wie Touristen gleichermaßen beliebt ist.

Fuß zu Stränden, die noch nicht mit dem Fahrzeug zu erreichen sind. Hier findet jeder nach Einsamkeit Suchende das Ziel seiner Träume: Hallo Robinson, wir kommen ... Blendend weiße Muschelsandstrände, bizarre Kalksteinfelsen und weitgehend unberührte Naturparadiese bilden die perfekte Kulisse für einen märchenhaften Strandurlaub an der Andamanensee. Vielleicht sogar etwas zu perfekt ist diese Kulisse auf der Insel Ko Phi Phi Leh. Zur Hauptsaison zieht das kleine Eiland mit seinen markanten Felsformationen oftmals mehr Besucher an, als Unterkünfte vorhanden sind. Wer dann kein Zimmer vorgebucht hat, muss unter Umständen die Nacht am Strand verbringen – doch gibt es vermutlich schlimmere Vorstellungen als die, eine laue Tropennacht am Strand zu verbringen und am frühen Morgen

Thailands Traumstrände

Jogging in traumhafter Umgebung: wäre da nicht die Hitze, man könnte vor Freude den ganzen Tag auf und ab rennen …

An den Küsten

Pattaya hat sich den traurigen Ruf als Sündenbabel Thailands erworben, seitdem die US-Marines im Vietnamkrieg ihren

THAILANDS TRAUMSTRÄNDE

Sonnenuntergang an der Bucht von Pattaya – zum Träumen schön.

Ein Souvenir gefällig? Zahlreiche fliegende Händler und Masseure versorgen den Urlauber mit allem, was man am Strand benötigt.

den Sonnenaufgang über der einzigartigen Landschaft Ko Phi Phi Lehs zu genießen. Wem es aber gelungen ist, hier ein schönes Zimmerchen, oder besser noch einen Bungalow mit Meerblick zu ergattern, der möchte gar nie mehr von hier fort gehen. Als wären die Strände der Inseln nicht schon schön genug, lockt auch noch die Fahrt mit dem Boot zur benachbarten, gänzlich unbewohnten Insel Phi Phi Leh. Als schierer Kalksteinfelsen erhebt sie sich aus dem Meer. Die von zahlreichen Vögeln bewohnten Höhlen der Insel sind seit ewigen Zeiten Ziel von Schwalbennestsammlern, die ihre Beute sodann als kulinarische Delikatesse an chinesische Händler verkaufen. Viel anziehender als die Höhlen wirken jedoch die von hohen Felswänden umrahmten Lagunen des Inselchens, die so geradezu perfekt

An den Küsten

Künstliche Blumen suchen einen Abnehmer ...

... wie auch die zahlreichen Essensstände am Straßenrand Pattayas auf Kundschaft warten.

für Schnorchler und Schwimmer sind. Diese Szenerie ist an fast unwirklicher Schönheit kaum zu überbieten und diente daher auch als Hintergrund der Verfilmung des Romans »The Beach«. Für Taucher und Schnorchler bieten sich rund um die Inseln zahlreiche Gelegenheiten zur Begegnung mit der überaus vielfältigen Unterwasserwelt – wobei die blumigen Versprechungen der Anbieter solcher Unterwasserexkursionen auf garantierte Begegnung mit vielen großen und kleinen Fischen auch gelegentlich zaghaftere Interessenten verstört, denen eigentlich ein Blick auf die Korallenbänke genügen würde. Die Korallen haben hier allerdings angesichts der vielen ankernden Boote leider bereits Schaden

THAILANDS TRAUMSTRÄNDE

Citycruising in Pattaya – das Makeup muss dabei natürlich sitzen!

genommen. So sei jedem Taucher ans Herz gelegt, sich der sensiblen Unterwasserfauna und -flora ganz vorsichtig zu nähern. Nach einem anstrengenden Tag am Meer lockt uns am Abend der Besuch eines Restaurants, auf dessen Speisekarte alles zu finden ist, was die Fischer tagsüber aus dem Meer geholt haben. Und für all diejenigen, die sich ihre Kraft am Tag gut eingeteilt haben, bieten die kleinen Discos am Strand die Gelegenheit, sich nun endlich beim Tanzen zu verausgaben. In den Musikpausen dürfen wir am Strand beim Blick über das nächtliche Meer träumen …

Es sind glücklicherweise nicht nur die Phi Phis, die solch atemberaubende Eindrücke bieten. Mehr Platz für Unterkünfte bietet Krabi, beziehungsweise alle von dieser Stadt aus zu erreichenden Strände, die sicher zu den schönsten Thailands gehören. Vom Pier der Stadt fahren die Taxiboote regelmäßig hinüber zu den Stränden. Will man aber in der Nähe der berühmten Felsen wohnen, die das Kap rund um den Hat Tham Phra Nang zieren, lohnt es sich auch hier, am Morgen anzureisen. Denn neben Wasserratten und Sonnenanbetern zieht es auch zahlreiche Kletterer an die Strände. Über 500 Kletterrouten gibt es in den steilen Felstürmen, die mit ihren überhängenden Passagen auch anspruchsvolle Profis zufrieden stellen. So finden sich beim abendlichen Beachvolleyball überdurchschnittlich viele durchtrainierte Sportler ein. Doch wer nur am Strand in der Sonne dösen will, der entgeht solchen kraftraubenden Tätigkeiten am besten am traumhaften Hat Tham Phra Nang. In seinem flachen, türkisfarbenen Wasser dümpeln Long-

Pattaya ist das Zentrum der »Drag Queens«. Die schönste Show à la Hollywood bietet jeden Abend die Transvestitenshow im Alcazar – sauber aufbereitet für Reisegruppen und Touristen aus der ganzen Welt.

THAILANDS TRAUMSTRÄNDE

tailboote, die leckere Snacks anbieten. Dahinter erhebt sich ein einsamer Felsklotz aus dem Meer und auch die Enden des feinsandigen Strandes sind von steilen Karstfelsen gesäumt. Allerdings ist die Höhle, die dem Strand seinen Namen gab, mittlerweile fast völlig eingestürzt, und der einst hier aufgebaute Altar, an dem die vor der Küste ertrunkene Prinzessin Si Kunlathewi verehrt wird, musste unter einen kleineren Felsüberhang ausweichen. Ob der Geist der Prinzessin in dieser – direkt neben einem Fünf-Sterne-Hotel liegenden – bescheidenen Unterkunft den Fischern immer noch Wünsche erfüllt, bleibt abzuwarten. Ohnehin haben die meisten Fischer hier mittlerweile das Geschäft gewechselt – aus welchem Grunde, ist nicht ganz geklärt …

AUF ROBINSONS SPUREN
Wem all diese Orte zu voll sind, dem bietet die Küste noch reichlich Platz für Entdeckungstouren der wenig oder gar nicht erschlossenen Inseln entlang der Andamanensee: Ko Surin und die neun Inseln der Similan Islands etwa sind derart attraktive Tauchziele, dass sie Taucher aus der ganzen Welt anziehen. Da diese Inseln aber jeweils in Meeresnationalparks liegen, gibt es hier nur beschränkte Schlafmöglichkeiten. Ähnlich sieht es auf den Inselgruppen ganz im Süden aus. Naturerlebnis pur und Begegnungen mit den verschiedensten Meeresbewohnern sind hier garantiert. Nicht mehr ganz so puristisch ist Ko Lanta. Die von Krabi mit dem Boot zu erreichende Insel bietet zwar nicht die spektakulären Felsformationen wie Krabi, und auch die Strände sind nicht so blütenweiß, dafür findet sich hier aber etwas, was anderweitig nicht mehr ganz so leicht aufzuspüren ist: Absolute, erholsame, die Seele umschmeichelnde Ruhe.

Hauptziel des Tourismus an der Andamanensee ist aber Phuket mit seinem internationalen Flughafen. Die hier ge-

Weniger jugendfrei geht es auf den Nachtmärkten der Stadt zu, wo die Barmädchen die zahlreichen Kneipen und Diskotheken bevölkern und Transvestitenshows das Bier trinkende Publikum unterhalten.

An den Küsten

Die Fischerei ist ein wichtiger Erwerbszweig an den langen Küsten Thailands. Zahlreiche kleine Fischtrawler fahren Nacht für Nacht auf Meer hinaus.

Am frühen Morgen werden die Fische dann, wie hier in Prachuap Khiri Khan, auf Lastwagen gepackt und auf die Großmärkte gebracht.

Rechte Seite: Nach dem Fischfang folgt das Saubermachen der Netze und die Vorbereitung auf den nächsten Fang.

legenen Traumstrände und gepflegten Hotelanlagen ziehen jährlich Ströme von Urlaubern aus aller Welt an. Wer sich wie Robinson fühlen will oder preiswerte Unterkünfte sucht, der wird auf Phuket nicht fündig, doch wer kommt, um zwei Wochen genüsslich an einem Traumstrand die Seele baumeln zu lassen, für den gehört Phuket zur ersten Wahl. Entlang der bilderbuchhaften Buchten der Westküste schmiegen sich luxuriöse und wunderschöne Hotelanlagen an die Strände: Sie bieten alles, was man sich nur wünschen kann. Trotz der relativ großen Anzahl von Urlaubern finden sich auf Thailands größter Insel immer noch kilometerlange, kaum besuchte Strände, vor allem im Norden, wo seit der Einrichtung des Meeresnationalparks keine Hotels mehr gebaut werden dürfen. So gibt es hier nur eine Reihe von Restaurants am Hat Nai Yang, während sich weiter nördlich nur mehr die Meeresschildkröten gute Nacht sagen …

Dank des florierenden Tourismus ist Phuket heute die reichste Provinz Thailands: Rund eine Million Reisende besuchen die Insel alljährlich – das sind mehr als in jedem anderen Ort der ganzen Region. Die Zahl scheint riesig, doch auf der rund 800 Quadratkilometer großen Insel – Phuket ist die mit Abstand größte Insel Thailands – verteilen sich die Besucher gut. Nur ein Ort, nämlich Patong, zeigt das hässliche Gesicht des Massentourismus. Patong wirkt wie ein kleines Pattaya – mit all den negativen Begleiterscheinungen: Lärmende Discos und Nachtbars drängen sich hier dicht an dicht, hohe Hotelbauten beherrschen die Strandpromenade, auf der lärmende Motorräder hin und her rasen. Selbst am eigentlich herrlichen Strand lassen die lauten Wasserscooter keine Ruhe aufkommen. Wer allerdings im Urlaub auf heimische Küche – also Bratwurst und Pizza – nicht verzichten möchte und vor allem das Nachtleben genießen will, der ist hier genau richtig.

Thailands Traumstrände

An den Küsten

Der Ang Thong Meeresnationalpark ist fast nur für Tagesausflüge mit dem Boot geöffnet. Aber die lohnen sich, zumal man mit dem Seekajak versteckte Höhlen und Lagunen erkunden kann.

Thailands Traumstrände

Ein einsamer Strand auf Phuket in der Hauptsaison? Das ist durchaus keine Sinnestäuschung. Die Strände Thailands sind nie so überlaufen wie die am Mittelmeer und es gibt Ausweichmöglichkeiten zuhauf. Der Hat Mai Khao im Norden Phukets ist zudem ein Meeresnationalpark zum Schutz der Seeschildkröten, so dass es hier keine Hotels gibt.

Ganz anders wirkt dagegen Phuket Stadt. Da es im Osten der Insel liegt, wo es zwar geschützte Häfen, aber keine einladenden Strände gibt, ist es für Touristen wenig interessant. Doch der Ort atmet Geschichte: Wegen seiner reichen Zinnvorkommen war Phuket bereits unter der Herrschaft Sukhothais in das Siamesische Reich eingegliedert worden. Dieser Wirtschaftszweig sorgte für den Wohlstand der Insel. Auf die Zinnminen folgten dann die Händler, die den Reichtum der Stadt weiter mehrten. Leider ist von der Geschichte Phukets als Handelsniederlassung nicht mehr viel zu sehen. Einst trafen sich hier Kaufleute aus Arabien, China und Indien, um ihre Waren zu tauschen. Selbst aus dem fernen Europa, aus Portugal, kamen Kaufmänner und gründeten Handelsniederlassungen. Wie andernorts an der Ma-

Solche Strandhütten sind auf Phuket längst von großen Hotels verdrängt worden, aber anderweitig, wie hier auf Ko Samui, gibt es sie an fast jedem Strand. Wohnen wie Robinson, nur nicht so einsam und mit Restaurant in der Nähe? Kein Problem in Thailand!

An den Küsten

Das Tong Sai Bay Hotel hat seine eigene Bucht im Norden von Ko Samui. Der Blick von den Verandas, die mit Extrabett und -badewanne ausgestattet sind, verspricht Entspannung pur.

Aber auch als Normalsterblicher mit beschränktem Budget kann man es sich an den Stränden Ko Samuis gut gehen lassen.

laiischen Straße, sieht man in Phuket Stadt noch die typische portugisisch-chinesische Architektur: Häuserzeilen, die durch aneinander gereihte, chinesische Häuser mit vorgebautem romanischen Arkaden charakterisiert sind. Im 19. Jahrhundert beherrschte dieser Baustil die chinesischen Handelsniederlassungen zwischen Macau und dem Malaiischen Archipel. Ein Erbe dieser Zeit bleibt bis heute sichtbar: Aufgrund des arabischen Einflusses sind ein Drittel der Einwohner Phukets Muslime.

Die meisten Besucher der Insel sehen Phuket Stadt heute nur auf einem Tagesausflug, oder um vom Hafen der Stadt aus ein Boot für einen Ausflug in die weite Bucht von Phang Nga zu unternehmen. Die meisten Inseln dieser von Karstfelsen geprägten Region sind – mit Ausnahme Ko Phi Phis – touristisch noch völlig unerschlossen. So kann man den internationalen Flughafen der Insel auch als Sprungbrett für ein Inselabenteuer nutzen. Das Postboot fährt zweimal täglich Ko Yao Noi – die »Kleine Lange Insel« – an, das einzige Eiland, das auch Unterkünfte bietet. In Ta Khai, der kleinen Inselhauptstadt, kann man ein Seekajak mieten, mit dem die Inseln wunderbar zu erkunden sind.

Im Norden der Bucht von Phang Nga liegt der Ao Phang Nga Nationalpark. Hier liegt auch der Sa Nang Manora Forest Park, eine eindrucksvolle und selten besuchte Gelegenheit zur Erkundung der tropischen Natur: Inmitten dichten Regenwaldes zieht sich ein Wasserfall über viele Stufen nach unten. Der Sage zufolge badet die Prinzessin Manora in den Becken des Wasserfalles, wenn sie sich alleine wähnt. Vielleicht bekommen wir sie eines Tages zu Gesicht?

ENTDECKEN UND ERLEBEN

Links oben: Blick übers Meer auf Ko Phi Phi Leh

Links unten: die Treehouse Lodge auf Ko Chang

Mitte: Internetcafé am Strand von Krabi

Rechts unten: die Fischer von Prachuap Khiri Khan

Rechts oben: Kajakfahrt im Ang Thong Nationalpark

Ko Chang
Diese noch kaum erschlossene Insel nahe der Grenze zu Kambodscha bietet wunderschöne Strände, einfache und preiswerte Unterkünfte und eine reizvolle Landschaft im Inneren – besonders zu empfehlen ist die »Treehouse Lodge«.

Ang Thong Nationalpark
Erkunden Sie die bizarre Felslandschaft des Meeresnationalparks bei Ko Samui mit dem Kajak – Sie werden begeistert sein!

Krabi
Hier finden sich nicht nur die schönsten Strände, sondern auch tolle Karstformationen – ein echtes Paradies für Sonnenanbeter und Sportkletterer!

Die Fischer von Prachuap Khiri Khan
Beobachten Sie, wie die Fischer am frühen Morgen mit ihrem Fang von der Fahrt zurück kehren.

Ko Phi Phi Leh
Wer die Seele baumeln lassen will, ist auf dieser Insel genau richtig. Hier wandeln Sie gleichsam auf den Spuren von Robinson: So werden Inselträume wahr!

Die 5 schönsten Erlebnisse an den Küsten

REISEINFORMATIONEN
Thailand von A bis Z

THAILAND VON A BIS Z

ANREISE, WEITERREISE

Bangkok ist der Verkehrsknotenpunkt der gesamten Region. Verbindungen nach Bangkok bieten zahlreiche europäische Flughäfen – direkt oder auch mit Zwischenlandung am Persischen Golf. Dank der großen Auswahl an Fluggesellschaften wurden die Flüge in die thailändische Hauptstadt in den letzten Jahren immer günstiger. Innerasiatische Anschlüsse nach Bangkok gibt es unter anderem von Singapur, Malaysia, Vietnam, China, Indien und Nepal. In die wichtigsten Städte der Nachbarländer, etwa nach Rangun (Yangon), Vientiane, Phnom Penh und Siem Reap (Angkor Wat) fliegen auch regionale Anbieter, wie etwa die Bangkok Airways. Neben Bangkok ist auch Phuket von Europa aus direkt zu erreichen.

Innerhalb Thailands sind von Bangkok aus Verbindungen in zahlreiche Ortschaften möglich. Neben der Thai bieten auch die Bangkok Airways und die Angel Airways Anschlüsse an. Auf Flüge nach Ko Samui hat aber allein die Bangkok Airways das Monopol, da der Flughafen in ihrem Besitz ist!

Für die Weiterreise auf dem Landwege bietet sich von Bangkok als sicherstes Verkehrsmittel der Zug an. Leider gibt es nur wenige Routen und die Züge sind oft lange im Voraus ausgebucht. In der 3. Klasse ist die Bahn in vielen Fällen jedoch die billigste Form des Reisens. Die Nachtzüge der Zweiten Klasse Sleeper in Richtung Süden – nach Surat Thani (Ko Samui), Malaysia und Singapur – sind günstig und sehr komfortabel, ebenso die Verbindungen in das im Norden gelegene Chiang Mai.

Die einfachsten und daher beliebtesten Verbindungen bieten die Buslinien an. Neben staatlichen Betreibern gibt es auch zahlreiche private Busgesellschaften, deren Gefährte in der Regel teurer, aber auch komfortabler sind.

Auf Busstrecken, die vorwiegend von Touristen genutzt werden, sollte man jedoch auf sein Gepäck achten und bei Einladungen von unbekannten Mitreisenden ein gesundes Misstrauen walten lassen: Es sind Fälle bekannt, in denen leichtgläubigen Touristen Schlafmittel verabreicht wurden. Diese Form des Raubes war insbesondere in den 1980er Jahren weit verbreitet, ist jedoch mittlerweile auf Grund verstärkter Polizeikontrollen deutlich zurückgegangen. Sehr selten sind die einfachen, staatlich betriebenen Busse Ziel der Räuber – da hier nur mit wenig lohnender Beute zu rechnen ist. Die Busverbindungen sind in Thailand ausgezeichnet. In den größeren Ortschaften haben die Busse fast immer sofort einen Anschluß, so dass man auch als individuell Reisender ohne durchgehend gebuchte Fernbusse schnell und problemlos durch ganz Thailand reisen kann. Im Vergleich zu den meisten Nachbarländern ist das Busreisen in Thailand also die reine Entspannung!

AUSKUNFT

Wer Reiseinformationen für seinen Urlaub in Thailand braucht, wende sich an das Fremdenverkehrsamt, das bei fast allen Fragen mit Rat und Tat zur Seite steht:

Thailändisches Fremdenverkehrsamt
Bethmannstr. 58
60311 Frankfurt
Tel.: (0 69) 1 38 13 90
Fax: (0 69) 28 14 68
E-Mail: tatfra@t-online.de

Aktuelle Auskünfte zu Visafragen finden Sie im Internet, Internetaddressen siehe »Internet-Links«.

Botschaften:
Deutschland:
Königlich Thailändische Botschaft
Lepsiusstr. 64–66
D-12163 Berlin
Tel.: (0 30) 79 48 10
Fax:

Österreich
Königlich Thailändische Botschaft
Weimarer Str. 68
A-1080 Wien
Tel.: (01) 4 78 27 97
Fax: (01) 4 78 29 07

Schweiz
Königlich Thailändische Botschaft
Eigerstr. 60
CH-3007 Bern
Tel.: (0 31) 3 72 22 81
Fax: (0 31) 3 72 07 57

Botschaften in Bangkok
Deutschland:
9 Thanon Sathon Tai
Bangkok
Tel.: (02) 2 87 90 00

Österreich
14 Soi Nantha, Thanon Sathon Tai
Bangkok
Tel.: (02) 2 87 39 70

AUTOVERMIETUNG

Mietwagen stehen in Thailand vielerorts zur Verfügung – alle großen Vermieter sind vertreten. Das Autofahren geht außerhalb von Bangkok ziemlich problemlos vonstatten, beachten Sie aber: In Thailand herrscht Linksverkehr! Auf eine etwas eigenwillige Handhabung der Verkehrsregeln sollte man allerdings gefasst sein, wenn man sich hinter das Steuer setzen will. Bei kleinen, örtlichen Vermietern sollten Sie unbedingt den Zustand der Fahrzeuge kontrollieren und auf die Versicherungsbedingungen achten. Bei günstigen Angeboten ist das Fahrzeug unter Umständen nicht ausreichend versichert!

Vielerorts, vor allem auf den Inseln, stehen günstig kleine Motorräder zur Miete am Straßenrand. Ein solcher fahrbarer Untersatz ist eine sehr angenehme Art, etwas von der Umgebung zu erkunden, oder auch um von Chiang Mai, Kanchanaburi und anderen Orten längere Ausflüge zu unternehmen. Allerdings sollten ungeübte Fahrer die Risiken gründlich abwägen. Denn zum ungewohnten Linksverkehr kommt der, beispielsweise auf Ko Samui, gelegentlich chaotische Verkehr auf engen und vom Sand rutschig gewordenen Straßen. Allzu oft sieht man Touristen mit unschönen Verbänden, die von solchen Unfällen rühren!

EINREISE

Ein gültiger Reisepass ist erforderlich. Achten Sie unbedingt darauf, dass der Pass noch sechs Monate über die Reisezeit hinaus gültig ist. Bei der Einreise mit einem gültigen Reisepass wird am Grenzort oder Flughafen ein 30 Tage gültiges Visum erteilt. Mitreisende Kinder benötigen einen eigenen Pass oder müssen im Reisepass der Eltern eingetragen sein.

Thailands Fernstraßen sind gut ausgebaut und nur um Bangkok herum überfüllt. Ansonsten kann man entspannt selbst am Lenkrad sitzen – vorausgesetzt, man traut sich die Umstellung auf den Linksverkehr zu.

REISEINFORMATIONEN

ELEKTRIZITÄT

In Thailand funktioniert die Stromversorgung zuverlässig. Die Spannung beträgt 220 Volt (Wechselstrom). Die Steckdosen entsprechen nicht den deutschen, so dass Adapter verwendet werden müssen. Meist ist ein Adapter mit Flachstecker nach amerikanischer Norm ausreichend.

ESSEN UND TRINKEN

Die thailändische Küche ist abwechslungsreich und sehr lecker. Sie ist durchaus zu den besten der Welt zu zählen. Besonders Liebhabern von Fischgerichten und Meeresfrüchten steht eine große Vielfalt an Gerichten zur Auswahl. Wenn auch nicht alle Speisen scharf sind, so können viele Gerichte doch höllisch scharf sein. Wenn ein Thailänder eine Speise als scharf bezeichnet, lässt man als Europäer besser die Finger davon. Generell können Sie in der Region für tropische Verhältnisse recht unkompliziert speisen, da jede Mahlzeit in der Regel frisch zubereitet wird. Schwere Magenverstimmungen sind selten, dennoch sollten Sie die in den Tropen üblichen Vorsichtsmaßnahmen einhalten. Am wichtigsten ist es, nur abgekochtes bzw. Mineralwasser zu trinken, bei Wasserflaschen und Softdrinks sollten Sie darauf achten, dass der Originalverschluss intakt ist. Eiswürfel im Getränk sind verlockend, aber nicht immer hygienisch einwandfrei hergestellt und dienten eventuell zur Kühlung von Fleisch oder Fisch bevor sie ins Getränk kommen! Maschinell hergestellte Eiswürfel sind in der Regel sicherer als Eisbrocken, die von einem Eisblock geschlagen werden. Vorsicht müssen Sie bei ungekochten Speisen walten lassen: Obst also nur geschält verzehren. Eine alte Tropenweisheit sagt: »Entweder schälen oder kochen oder darauf verzichten!« Achtsamkeit ist auch bei Eiscreme angeraten, da sie vielleicht bereits aufgetaut war und wieder eingefroren wurde. Bei der Auswahl der Restaurants und Garküchen dürfen Sie ruhig dem Augenschein vertrauen: Ein sauber wirkendes Restaurant, das viel Umsatz macht, hat meist einwandfreies Essen zu bieten. Magenverstimmungen kommen oft auch von kalten Getränken, die man in der Hitze zu schnell trinkt. Auch die Klimaumstellung schlägt sich bei so manchem Urlauber auf den Magen. Halten Sie sich also an folgende Faustregel, dann werden Sie kaum Probleme haben: Die ersten Tage nach der Anreise möglichst leicht essen, das hilft dem Körper dabei, sich umzustellen.

FEIERTAGE UND FESTE

Die meisten thailändischen Feiertage sind vom buddhistischen Kalender abhängig – sie verschieben sich daher von Jahr zu Jahr und können jährlich sogar in verschiedenen Monaten liegen. Folgende Feiertage gibt es:

Januar: 1. Januar; unser Neujahr ist seit Kurzem auch in Thailand ein Feiertag.
Februar: Chiang Mai, Blumenfest Magha Puja, wird bei Vollmond in allen buddhistischen Tempeln gefeiert;

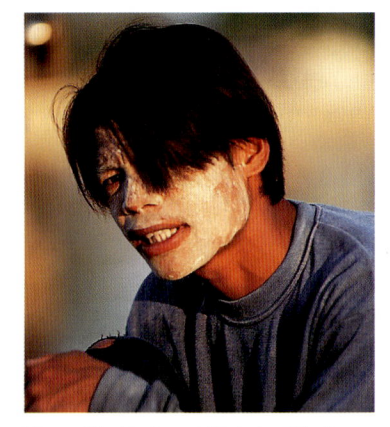

Busse gibt es in Thailand in jeder Qualitätsstufe. Nur in manchen entlegenen ländlichen Regionen verkehren nur rustikale staatliche Busse.

Die weiße Paste schützt den Fischer vor der allzu starken Einwirkung der tropischen Sonne.

Februar/März: Chinesisches Neujahr, wird in Gegenden mit chinesischer Bevölkerungsmehrheit gefeiert, in Bangkok ruht das öffentliche Leben mehr oder weniger.
März: Internationale Juwelen Messe in Bangkok
April: Chakri Tag, am 6. April wird des Gründers der Chhakri Dynastie gedacht; 13.–15. April, Songkhran, Thailändisches Neujahr, bei dem jede Menge Wasser verspritzt wird. Der 13. April ist ein ungünstiger Tag, um trockenen Fußes und mit trockener Kleidung durch die Straßen zu gelangen. Am besten, Sie mischen sich in leichter Kleidung unter die Feiernden und genießen den Spaß.
Mai: 5.Mai, Krönungstag zur Erinnerung an die Thronbesteigung des thailändischen Königs im Jahr 1950. Visakha Puja: Buddhas Geburtstag, Erleuchtung und Todestag wird zum Vollmond zwischen April und Mai mit Gesängen, Kerzen und beleuchteten Prozessionen gefeiert.
Juli: Asalha Puja, die erste Predigt des Buddha
Khao Phansaa, zu Beginn der Regenzeit schließen sich viele Männer für eine begrenzte Zeit einem Mönchsorden an.
August: Am 12. August wird der Geburtstag der Königin gefeiert.
September: Bootsrennen werden zum Höhepunkt der Regenzeit veranstaltet. In Bangkok findet Mitte September ein großes Bootsrennen auf dem Chao Phraya statt.
Oktober/November: Zum Vollmond findet das Fest der Lichter, Loi Krathong, statt. Am schönsten zu beobachten ist es in Nordthailand. In Sukothai ist der Historische Park Ort einer »Sound and Light Show.«
November/Dezember: Zwischen Ende November und Anfang Dezember findet in Kanchanaburi an der River Kwai Brücke für eine Woche allabendlich eine »Sound & Light Show« statt.
5. Dezember, Geburtstag des Königs
10. Dezember, Verfassungstag
Für alle Feste und Feiertage siehe auch: *www.tourismthailand.org*

FOTOGRAFIEREN

Fotografieren ist in Thailand wie im restlichen Südostasien weitgehend problemlos möglich. Die Einheimischen lassen sich in der Regel gerne fotografieren. Durch ein Lächeln und das Zeigen der Kamera lässt sich auf einfache Weise das Einverständnis einholen. Generell gilt hier wie überall auf der Welt: Niemand sollte gegen seinen Willen fotografiert werden. Motive gibt es reichlich, von Traumstränden über lebhafte Märkte bis hin zu großartigen Tempelanlagen. In manchen Berggebieten erwarten die Bewohner, dass man sie für die Fotos bezahlt – was durchaus gerechtfertigt ist, wenn man sich in ihre Rolle als »lebende Motive« hineinversetzt, die ständig abgelichtet werden.

Thailand von A bis Z

In Thailand sind Negativfilme und deren Entwicklung preiswert und gut. Es macht Spaß, schon vor Ort seine Filme entwickeln zu lassen und die Fotos zu bestaunen. In Bangkok kann man auch Diafilme entwickeln lassen, wobei hier allerdings kein Geld zu sparen ist. Diafilme bringt man am besten von daheim mit, vor allem dann, wenn man andere als die gängigen Sorten bevorzugt. Ansonsten deckt man sich spätestens in Bangkok damit ein, außerhalb der Hauptstadt könnte es Probleme geben.

GELD

In Thailand erhalten Sie mit Ihrer Kreditkarte und Geheimzahl absolut problemlos Geld an den zahlreichen Geldautomaten (ATM). Dank des günstigeren Wechselkurses fallen die Gebühren nicht so stark ins Gewicht. Traveller Schecks und Bargeld sind ebenso problemlos einzulösen. In den Touristenzentren sind Wechselschalter meist auch Abends und sonntags besetzt. Der thailändische Baht steht seit Jahren sehr stabil bei etwa 40 Baht gegenüber dem Euro.

GESUNDHEITSVORSORGE UND IMPFUNGEN

Wer in die Tropen reist, sollte gesund und belastbar sein. Die Klimaumstellung und die oft extreme Hitze belasten Herz und Kreislauf, das ungewohnte Essen Magen und Darm. Die möglichen Gefahren lesen sich auf den ersten Blick beängstigend, die wenigsten Reisenden leiden jedoch unter ernsthaften gesundheitlichen Beeinträchtigungen. Prinzipiell ist Thailand ein Reiseziel mit vergleichsweise guter medizinischer Versorgung, insbesondere in den städtischen Zentren.

Grundsätzlich sollten Sie möglichst rechtzeitig, also sechs bis acht Wochen vor Reiseantritt, einen Arzt aufsuchen, um einen Impfplan erstellen zu lassen. Es gibt keine vorgeschriebenen Impfungen – es sei denn, man kommt direkt aus Afrika oder Südamerika – dennoch sind folgende Impfungen als sinnvoll zu empfehlen, insbesondere wenn Sie planen, sich im ländlichen Thailand aufzuhalten:

Diphterie und Tetanus (diese sollten ohnehin alle zehn Jahre aufgefrischt werden)
Polio (Kinderlähmung ist in weiten Teilen Asiens verbreitet und kann auch Erwachsene treffen.)
Hepatitis A (Eine mehrmalige Impfung gibt fünf bis zehn Jahre Schutz vor dieser durch verunreinigte Speisen übertragenen Erkrankung)
Hepatitis B (Wird durch infiziertes Blut und Geschlechtsverkehr übertragen.)
AIDS (Eine Impfung ist nicht möglich, das HI-Virus wird durch verseuchtes Blut und Geschlechtsverkehr übertragen. Prostituierte in Südostasien weisen einen hohen Infizierungsgrad auf!)
Cholera (Diese Impfung ist wegen unzureichender Wirksamkeit umstritten. Die Übertragung des Erregers erfolgt durch verunreinigtes Wasser und rohen Fisch. Cholera ist im Wesentlichen eine Armutskrankheit.)
Tollwut (Wer in abgelegene Gegenden reist oder mit Tieren zu tun hat, sollte eine Impfung in Erwägung ziehen.)
Japanische Enzephalitis (Die Impfung ist in Deutschland bislang nicht erhältlich, wohl aber in Thailand.)
Dengue-Fieber (Es gibt keine Impfung. Die Krankheit wird durch die tagaktive (!) Aedes-Aegypti-Mücke übertragen. Man erkennt die Mücke an ihren gestreiften Hinterbeinen, sie kommt in entlegenen ländlichen Regionen, vor allem in der Regenzeit, vor.)
Malaria (Malaria ist eine sehr ernst zu nehmende Krankheit, die durch den Stich der Anophelesmücke übertragen wird. In Thailand treten verstärkt Resistenzen des Erregers gegen die gängige Prophylaxe-Medikamente auf. Empfohlen wird die Mitnahme eines Präparates, das beim Verdacht auf eine Ansteckung eingenommen wird. Eine prophylaktische Einnahme ist zu empfehlen, wenn man sich in Risikogebieten aufhält – etwa Trat und Ko Chang im Osten, die Berggebiete im Norden und Westen entlang der Grenze zu Burma und Ko Phangan. Das Malaria-Risiko ist in der Regenzeit generell höher als in der trockenen Jahreszeit. Viele Gegenden Thailands gelten zwar heute als frei von Malaria. Dennoch ist höchste Vorsicht geboten – eine unbehandelte Malaria Tropica kann sehr schnell tödlich verlaufen. Daher ist bei dem Verdacht einer Ansteckung, die sich durch grippeartige Symptome äußert, schnellstmöglich ein Arzt aufzusuchen. Ist das nicht möglich, muss man sofort ein Medikament einnehmen. Der sicherste Weg, Malaria zu vermeiden ist, nicht gestochen zu werden. Daher sollten Sie in der Dämmerung und nachts, wenn die Anopheles-Mücke besonders aktiv ist, lange helle Kleidung tragen und insbesondere die Knöchel bedeckt halten. Unbedeckte Körperteile müssen Sie mit einer Schutzcreme einreiben (Autan u. ä.). Moskitos werden von Parfüm wie auch von Schweiß angelockt – verwenden Sie also parfümfreie Seifen und Deodorants. Nachts ist es empfehlenswert, unter einem Moskitonetz zu schlafen.)

Aktuelle Informationen zur Situation geben die Tropeninstitute. Das Tropeninstitut München unterhält eine sehr hilfreiche Homepage, informieren Sie sich unter www.fit-for-travel.de

HOTELS UND UNTERKÜNFTE

Thailand bietet für jeden Geschmack und für jeden Geldbeutel die passende Unterkunft, von der Bambushütte am Strand für einen Euro pro Tag bis zum Luxusresort mit Spa und Golfplatz für 500 Euro. Selbst in der Metropole Bangkok finden sich Zimmer für weniger als fünf Euro pro Nacht. Wenn man nicht gerade zu Sylvester nach Ko Phi Phi Leh oder ein anderes Touristenzentrum reist, findet man auch ohne Vorbuchung immer die passende Unterkunft.

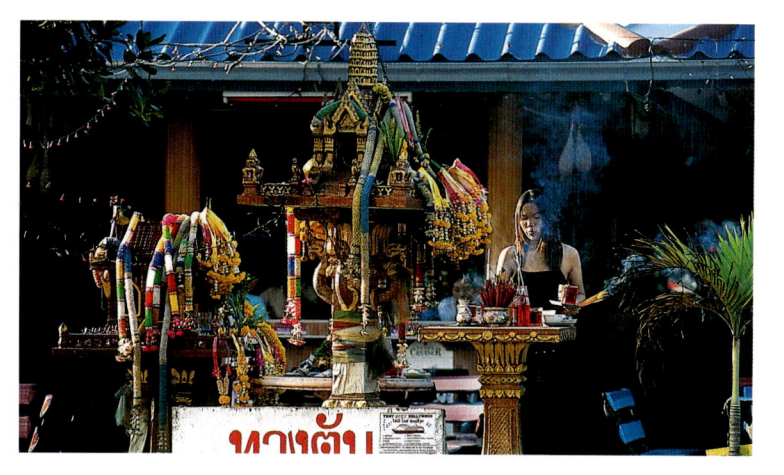

Genuss am Strand: Ein Cocktail schmeckt zum Sonnenuntergang ganz besonders.

REISEINFORMATIONEN

www.bangkokpost.net	Bangkok Post, Tageszeitung
www.budget.co.th	Autobuchung online in Thailand
www.fit-for-travel.de	Gesundheitsinformation des Tropeninstituts München
www.gallerylafayette.com/bluestars	Mit dem Seekajak zum Angthong National Park
www.kay-maeritz.de	Internetseite des Autors mit zahlreichen Tipps
www.nationmultimedia.com	The Nation, Tageszeitung
www.regenthotels.com	Luxushotels in Bangkok und Chiang Mai
www.sawadee.com	Die beste Homepage für Buchungen, Reservierungen etc. in Thailand
www.siam.net	Hotels in Thailand
www.thailand.com	Informationen zu Wirtschaft und Reisen
www.thailand-hotel.net	Hotels in Thailand
www.tongsaibay.co.th	Luxushotel auf Ko Samui
www.tourismthailand.org	Alles über Thailand vom thailändischen Fremdenverkehrsbüro, inklusive aktuellem Wetterbericht

INTERNET-LINKS

Praktisch überall in Thailand finden sich preiswerte Internetcafes, wo Sie E-Mails empfangen oder versenden können. Außerdem erhalten Sie viele aktuelle Informationen über das Web. Sie suchen ein Hotel, eine Tauchschule, einen Mietwagen? In Thailand können Sie fast alles übers Internet erfahren und buchen!

KLEIDUNG

Thailand ist tropisch heiß, Bangkok gilt sogar als heißeste Hauptstadt der Welt. Daher empfiehlt es sich, leichte Kleidung zu tragen. Von Dezember bis Januar sind für die Bergregionen und den Norden Thailands Pullover und leichte Jacken nötig, da das Thermometer nachts bis auf den Gefrierpunkt fallen kann. Das ist meistens eine Woche im Jahr der Fall! Generell sollten Sie die allgemein üblichen Kleiderregeln befolgen und das Empfinden der Einheimischen nicht verletzen, also in Tempeln und religiösen Stätten keine Badekleidung oder Shorts tragen. Adrette Kleidung wird in der Öffentlichkeit erwartet, Badekleidung gehört nur an die Strände! »Oben-ohne« oder gar FKK wird in Thailand nicht gerne gesehen.

KLIMA UND REISEZEIT

Thailand liegt unterhalb des Wendekreises des Krebses in den Tropen. Das Wetter wird durch die Monsunregen bestimmt, wobei der Hauptteil der Niederschläge mit dem Südwestmonsun von Mai bis November fällt. Die Wintermonate von Dezember bis Februar sind fast überall die angenehmsten Reisetermine, da in dieser Phase wenig Niederschläge fallen, die Luftfeuchtigkeit am niedrigsten ist und die Temperaturen im angenehmen Bereich bleiben. Ab März wird es wieder heiß, der April bringt die höchsten Temperaturen, die erst mit Eintreffen des Monsuns im Juni wieder zurückgehen. Grundsätzlich kann man Thailand auch in der Regenzeit bereisen: Gerade die Region um Ko Samui erhält relativ wenig Niederschläge mit dem Südwestmonsun, dafür aber vom nicht ganz so heftigen Nordwestmonsun von November bis Januar.

Die beste Reisezeit ist generell November bis Februar. Die Gegend um die Andamanensee ist im Sommermonsun von Mai bis Oktober/November stürmisch und sehr regnerisch, so dass es sich nicht lohnt, billige Angebote nach Phuket zu buchen. Anders sieht es um Ko Samui aus, das vom Sommermonsun nicht so stark betroffen ist. Die stärksten Niederschläge fallen hier im Oktober und November, bis in den Januar weht während des Nordostmonsuns häufig ein heftiger Wind. Im Süden Thailands gelten nur März und April als Trockenzeit – was aber nicht heißt, dass es in dieser Zeit nicht auch heftig regnen kann. In Zentralthailand und im Norden dauert die Trockenzeit von Mitte November bis in den Mai, und auch in der Regenzeit fallen weit weniger Niederschläge. Bangkok ist im Sommer schwül-heiß. Die Temperaturen schwanken dann zwischen 30 und 40 Grad Celsius – und auch die Nächte bringen kaum Abkühlung. Im Januar liegen die Tagestemperaturen bei 28 bis 30 Grad Celsius. Die Monate mit den stärksten Niederschlägen sind in den meisten Teilen Thailands der September und Oktober, auf Ko Samui aber Oktober und November.

MASSE UND GEWICHTE

In Thailand gilt das metrische System, man misst also in Metern und Kilometern und wiegt in Gramm und Kilogramm.

MEDIZINISCHE VERSORGUNG

Thailand ist ein Reiseziel, das über eine verhältnismäßig gute medizinische Versorgung verfügt, insbesondere in den Zentren wie Bangkok oder Chiang Mai. In den Touristenorten finden sich stets Arztpraxen und Kliniken, die auf die Bedürfnisse von Reisenden und Urlaubern eingestellt sind. Siehe auch Gesundheitsvorsorge und Impfungen. Es ist zu empfehlen, eine Reisekrankenversicherung abzuschließen.

NACHTLEBEN

Bars und Diskotheken gibt es in jedem touristisch interessanten Ort. Außerhalb Bangkoks sind Discos oft in den großen Hotels zu finden. An den Stränden locken meist viele Bars und Discos mit Meerblick Besucher an. Alle Nachtlokale müssen um 1:00 Uhr schließen, spielt aber Live-Musik, darf länger geöffnet sein.

NATIONALPARKS

Es gibt zahlreiche landschaftlich wunderschöne Nationalparks in Thailand, die von ausländischen Touristen kaum frequentiert werden. Einige davon sind Meeresnationalparks wie der Ang Thong National Marine Park bei Ko Samui, der nur mit Tagesausflügen erreichbar ist. Andere Parks, wie zum Beispiel Ko Phi Phi, erleben einen starken Besucherandrang. Zu den bekanntesten und schönsten Natio-

Thailand von A bis Z

nalparks des Landes gehören der Erewan Nationalpark bei Kanchanaburi, der Sai Yok Nationalpark bei Ayutthaya und der Kaeng Krachen Nationalpark bei Petchaburi. Auch der Khao Sok Nationalpark nördlich von Phuket erfreut sich wachsender Beliebtheit.

NOTFÄLLE UND NOTRUF

Die Polizei ist unter der Telefonnummer 191 erreichbar. In Notfällen wendet man sich aber am besten an die Touristenpolizei, deren Beamte die englische Sprache verstehen und sprechen können. Sie ist landesweit unter der Telefonnummer 11 55-1 zu erreichen.

ÖFFNUNGSZEITEN

Alle thailändischen Behörden haben Montag bis Freitag von 8:30 Uhr bis 16:30 Uhr geöffnet, die Mittagspause dauert von 12:00 Uhr bis 13:00 Uhr, Banken haben von 10:00 Uhr bis 16:00 Uhr Schalterstunden. Für alle anderen Belange gibt keine einheitlichen Geschäftszeiten. Größere Geschäfte und Kaufhäuser haben meist Montag bis Samstag von 10:00 Uhr bis 21:00 Uhr geöffnet. Kleine Läden haben oft darüber hinaus gehende Geschäftszeiten und schließen oft erst spät abends.

POST

Die Thailändische Post arbeitet zuverlässig. Daneben gibt es auch internationale Kurierdienste. Ein Brief von Thailand nach Europa benötigt etwa sieben Tage.

RELIGION

Die Thailänder sind mehrheitlich gläubige Buddhisten, die dem im Lande vorherrschenden Theravada-Buddhismus anhängen. Im tiefen Süden gibt es eine starke muslimische Minderheit.

SICHERHEIT

Generell ist Thailand ein sicheres Reiseland, besonders Gewaltkriminalität ist als selten einzustufen. Dennoch gibt es allgemeine Vorsichtsmaßnahmen, die überall auf der Welt gelten:

Gehen Sie nachts nicht durch dunkle, unbeleuchtete und verlassene Straßen.

Verriegeln Sie Ihr Zimmer ausreichend stets gut, öffnen Sie nur nach einem Blick durch den Türspion.

Verwahren Sie Bargeld, Wertsachen, Pass und Tickets im Hotelsafe.

Bewahren Sie Kopien Ihres Passes, Ihrer Kreditkarte und des Flugtickets auf.

Tragen Sie Schmuck, Wertsachen und Bargeld nicht offen zur Schau.

Führen Sie immer nur kleine Mengen Bargeld mit sich.

Für Thailand gelten noch folgende Vorsichtsmassnahmen:

Bei der Ankunft am Flughafen Bangkok nur offizielle Taxen oder den Flughafenbus (der bis 0:15 Uhr verkehrt) nehmen. Im Taxi immer darauf bestehen, dass das Taxameter läuft. Bei langen Strecken den Preis vorher aushandeln.

Kreditkarten sollten Sie sorgfältig hüten. Wenn Sie mit Karte bezahlen, lassen Sie das gute Stück nicht aus den Augen, lassen Sie niemanden alleine mit der Karte außer Sichtweite gehen, da womöglich mehrere Abzüge gemacht werden. Kreditkarten sollten nicht in Hotelsafes hinterlegt werden: Thailand ist ein Schwerpunkt der Kreditkartenbetrüger.

Wenn Sie in Nachtbussen unterwegs sind, nehmen Sie keine Einladung zu Getränken, Speisen oder anderem an, das Angebotene könnte starke Schlafmittel enthalten. Wacht ein so Betrogener auf, sind seine Wertsachen verschwunden. Wer sich in die Rotlichtmilieus begibt, setzt sich ähnlichen Gefahren aus.

Scheinbar günstige Gelegenheiten, Edelsteine einzukaufen, die man zu Hause mit viel Gewinn weiter veräußern könne, sind ein sicherer Hinweis darauf, dass der Einkauf alles andere als billig ist. Wahrscheinlich erwerben Sie minderwertige Ware zu einem Vielfachen des eigentlichen Wertes! Wenn sie kein Fachmann sind, lassen Sie die Finger von solchen Gewinn verheißenden Anlagen, die Sie ziemlich sicher nur um Ihr Geld bringen.

Touristenführer, die Sie »zufällig« treffen und Sie in ein Geschäft lotsen, in dem sie gerade »besonders günstig« einkaufen können, kassieren Provision vom Ladenbesitzer. Die bis zu 50 Prozent betragenden Provisionen müssen Sie natürlich zusätzlich bezahlen – und der vermeintlich günstige Einkauf ist damit zwangsläufig überteuert. Die harmlose erste Frage der Schlepper – »Wie lange sind Sie schon in Thailand?« – dient dazu, ahnungslose Opfer auszuspähen. Die allermeisten solcher Betrügereien finden in Bangkok statt, speziell mit Touristen, die gerade erst ins Land gekommen sind. Angebliche Helfer, die Ihnen erklären, der Zug mit dem Sie fahren wollen sei zu langsam oder ausgebucht, das Hotel, das Sie suchen, sei überfüllt oder abgebrannt, wollen Sie mit ziemlicher Sicherheit irgendwo unterbringen, wo sie Provision kassieren. Im Vergleich zu manchen Ländern des Nahen Ostens oder Indien sind diese Schlepper aber vergleichsweise harmlos. Sie zu ignorieren, ist der beste Weg sie loszuwerden.

Drogen, insbesondere »leichte« Drogen, werden in Thailand oft angeboten, aber schon der Besitz kleinster Mengen ist strafbar. Wer mit einem Joint erwischt wird, muss mit 50 000 Baht Geldbuße oder bis zu fünf Jahren Gefängnisstrafe rechnen! Auf harte Drogen stehen noch härtere Strafen – bis hin zur Todesstrafe.

An den Grenzen zu Burma und Kambodscha drohen Gefahren durch Untergrundkämpfer und bewaffnete Banden aus den Nachbarländern. Im Nordwesten operieren grenzüberschreitende Drogenschmugglerbanden, vom Trekking im unmittelbaren Grenzgebiet oder gar nach Burma hinein ist abzuraten. Die Grenze zu Kambodscha war früher vollständig vermint, die Minen sind heute noch nicht vollständig geräumt! Es ist also Vorsicht geboten!

In Bangkok will wegen der großen Hitze niemand zu Fuß gehen – lieber lässt man sich von einem motorisierten Gefährt zum Ziel bringen.

REISEINFORMATIONEN

SPORTLICHE AKTIVITÄTEN
In Thailand ist für jeden Sportfanatiker etwas geboten:

Wassersport:
Wasserscooter und Wasserski sind in den touristischen Zentren wie Pattaya oder Pattpong und Phuket zu mieten. Ob man Wasserscooter als Sport oder als lärmendes Ärgernis sieht, sei dahingestellt. Parasailing wird in immer mehr Orten angeboten. Dabei werden Sie von einem Motorboot an einem Gleitschirm in die Höhe gezogen und genießen für einige Minuten den Blick von oben über Strand und Meer. Auch Windsurfer finden an vielen Stränden Möglichkeiten, sich die Bretter auszuleihen.

Tauchen und Schnorcheln: Tauchen ist sicherlich der Sport, der die meisten Sportbegeisterten nach Thailand lockt. Von Phuket aus lassen sich längere Tauchfahrten (»Live on board«) in entlegene Gebiete der Andamanensee buchen. Es gibt sehr viele Tauchschulen in Thailand, wo sie günstig – und in der Regel von ausländischen, oft auch deutschsprachigen Lehrern geleitete – Tauchkurse absolvieren können. Auch wenn Tauchschulen mit dem PADI-Zertifikat werben, die drei- bis fünftägige Ausbildung ist gelegentlich von zweifelhafter Qualität und keinesfalls mit einem gründlichen Tauchkurs daheim zu vergleichen. Pattaya, Phuket, Ko Phi Phi, Ko Samui und Ko Tao sind die wichtigsten Zentren der Tauchschulen. Die beste Zeit für Tauchreisen ist in der Andamanensee Dezember bis April, die besten Chancen hier Walhaie und Mantas zu sehen haben Sie im März und April. Im Golf von Thailand kann ganzjährig getaucht werden, wobei Stürme die Sicht immer wieder beeinträchtigen können. Überall, wo es Tauchmöglichkeiten gibt, kommt man aber auch beim Schnorcheln auf seine Kosten, und das sehr viel preisgünstiger und entspannter. Die nötige Ausrüstung kann vor Ort gemietet werden.

Seekajak: Ausflüge mit dem Seekajak zu den einsamen Inseln von Phuket, Krabi oder von Ko Samui zum Angthong Nationalpark gehören zu den beeindruckendsten Naturerlebnissen eines Aufenthalts an der Küste.

Trekking: Trekking ist eine wunderbare Möglichkeit, die Natur zu erleben und Einblick in die Lebensweise fremder Völker zu erhalten. Allerdings hat das auch seine Schattenseiten: Eine davon ist die Degradierung der thailändischen Bergstämme durch unsensible Reiseveranstalter zu einer Art menschlichem Zoo. Dieses Phänomen wird vor allem durch die Masse der Trekker im Norden Thailands begünstigt, im Kern ist es aber bei jeder Wanderung in die Bergdörfer angelegt. Die Sicherheit ist ein weiteres Problem: In den Grenzgebieten kommt es immer wieder zu Überfällen. Hier operieren internationale Drogenschmugglerbanden. Ausgangspunkte für geführte Touren sind Chiang Mai (hier gibt es viele Trekkingagenturen, die das Erlebnis „unberührter" Bergvölker versprechen), Chiang Rai, Mae Hong Son und andere Orte im Norden Thailands. Außerdem gibt es in den Nationalparks die Möglichkeit, mit Führern einige Tage zu wandern.

Golf: In Bangkok, Pattaya, Phuket, Chiang Mai und an zahlreichen anderen Orten finden sich von Landschaftsarchitekten sensibel gestaltete Golfplätze, auf denen man genussvoll abschlagen kann.

SPRACHE
Neben der Landessprache Thailändisch wird zwar in den Touristenzentren auch Englisch gesprochen, nicht aber in den restlichen Landesteilen. Thai gehört zu den sino-tibetischen Sprachen. Es ist also eine tonale Sprache – die gleichen Silben haben mit unterschiedlicher Betonung auch unterschiedliche Bedeutungen – für uns Europäer ist es daher sehr schwer zu erlernen.

TELEFON
Thailand verfügt über ein ausgezeichnetes Telefonsystem mit weltweiten Verbindungen. **Internationale Vorwahlen:**
nach Deutschland 49,
nach Österreich 43,
in die Schweiz 41,
von Deutschland, Österreich und der Schweiz nach Thailand 66

TRINKGELD
Im Allgemeinen ist es nicht üblich, Trinkgeld zu geben. Wechselgeld wird abgerundet. Anders liegt die Sache in den Touristenzentren mit ihren Hotels und teuren Restaurants, die vorwiegend ausländische Gäste haben. Das Servicepersonal erwartet hier zehn Prozent des Rechnungsbetrags – wenn diese Summe nicht bereits für den Service auf die Rechnung aufgeschlagen wurde.

VERHALTENSTIPPS
Wer sich freundlich und höflich verhält, wird in Thailand ebenso behandelt. Kleinere Verstöße gegen die geltenden Ettikette tolerieren die Einheimischen gerne, wenn sie den guten Willen des Ausländers erkennen. Wer sich allerdings offensichtlich unbeeindruckt taktlos verhält, wird Minuspunkte sammeln. Wichtig ist es, beim Besuch von Tempeln und religiösen Stätten Schultern und Beine bedeckt zu halten. Strandbekleidung trägt man wirklich nur dort, nicht aber beim Bummel oder im Restaurant.

VERKEHRSMITTEL
siehe Stichworte »Anreise, Weiterreise« und »Autovermietung«

ZEIT
Die Zeitdifferenz von Thailand zu Deutschland beträgt plus sechs Stunden, während unserer Sommerzeit plus fünf Stunden. Wenn es in Deutschland 12:00 Uhr ist, ist es in Bangkok also bereits 18:00 Uhr.

ZOLL
Eingeführt werden dürfen sämtliche Dinge des täglichen Bedarfs ohne Beschränkungen. Alle Devisen im Wert von mehr als 10 000 US-Dollar müssen bei der Einreise deklariert werden. Bei der Ausfuhr von Antiquitäten muss eine Erlaubnis des Fine Art Departments vorliegen. Buddha-Figuren dürfen generell nicht außer Landes gebracht werden. Wer Drogen bei sich hat, muss mit drakonischen Maßnahmen rechnen: Auch auf den Besitz kleinster Mengen harter Drogen steht die Todesstrafe!

Buddhabildnis in Doi Suthep – der Buddhismus ist in Thailand praktisch allgegenwärtig.

REGISTER

Alcazar 96
Amphawa 40
Andamanensee 97
Ang Thong Marine Nationalpark 89
Angkor 8
Ao Phang Nga Nationalpark 102
Ayutthaya 8, 27, 35, 68

Bamrung Muang 22
Bangkok 16
Big Buddha 87
Big Buddha Pier 89

Chakri-Dynastie 19, 39
Chao Phraya 16
Chatuchak-Wochenendmarkt 23
Chaweng 89
Chiang Dao 81
Chiang Mai 38, 68, 77
Chitralada Palast 19

Damnoen Saduak 38
Die Brücke am Kwai 50
Doi Inthanon 70
Doi Suthep 77
Drei-Pagoden-Pass 54
Dschinghis Khan 30

Erawan Nationalpark 51

General Taksin 71
Goldene Epoche 35
Goldenes Dreieck 67

Hat Kaibe 84
Hat Nai Yang 98
Hat Rin 89
Hat Sai Khao 84
Hat Tham Phra Nang 95
Hellfire-Pass 54
Huay Xai 77

Kanchanaburi 47
Khao Laem (Stau-)See 9, 46, 56
Khao Luang Höhle 43
Khlong Phu 86
Khwae Noi 50
Khwae Yai 50
Klongs - Kanäle von Thonburi 23
Ko Chang 80 84
Ko Lanta 97
Ko Phangan 89
Ko Phi Phi Leh 90, 102
Ko Samui 6 87 101
Ko Surin 97
Ko Yao Noi 102
König Bhumipol 19
König Narai 38
König Ramkhamhaeng 35
Krabi 82, 95
Kublai Khan 30

Lamai 89
Lan Na Thai 68
Lan Xang 70
Lanna 38 70
Lumphini-Park 24

Mae Hong Son 70
Mae Surin Nationalpark 81
Mekong 68
Menam 29
Muang Sawa – Luang Prabang 31
Nan Chao 30
Nang Manora Forest Park 102

Padaung 73
Pagan 70
Patong 98
Pattaya 86 92
Phang Nga Bucht 8 102
Phetchaburi 40
Phuket 87, 97

Prinzessin Manora 102
Prinzessin Si Kunlathewi 97

Ratchaburi 38

Sai Yok Fälle 53
Sai Yok Nationalpark 51
Sai Yok View Raft 53
Samut Songkhram 40
Sangkhlaburi 48, 56
Siam 27, 80, 101
Similan Islands 97
Smaragdbuddha 19
Srivijayas 35
Sukhothai 8, 27, 35, 68, 101

Ta Khai 102
Tak 54
Tempeltänzerin 43
Tha Tien Pier 20
Thai Elefant Conservation Center 80
Tham Mayom 86
Tham Phra Nang 82
Thanon Ratchadamnoen 18
The Beach 94
Thong Pha Phum 53
Tong Sai Bay Hotel 102
Trat 84
Tree House Lodge 84

Vieng Chan – Vientiane 31

Wat Arun 20
Wat Mahatat 26
Wat Pho 20
Wat Phra Keo 18
Wat Phra Si Sanphet 36
Wat Phra That Doi Suthep 68
Wat Phra That Lampang Luang 77
Wat Sorasak 34
Wihan Luang 77

Impressum

Ein kostenloses Gesamtverzeichnis erhalten Sie beim
Bruckmann Verlag
D-81664 München

www.bruckmann.de

Lektorat: Sonya Mayer

Layout: Heinz Kraxenberger, München

Repro: Scanner Service

Umschlaggestaltung: Heinz Kraxenberger unter Verwendung eines Fotos von Kay Maeritz

Kartografie: KartenGrafik, Thomas Vogelmann

Herstellung: Bettina Schippel

Alle Angaben dieses Werks wurden vom Autor sorgfältig recherchiert und auf den aktuellen Stand gebracht sowie vom Verlag geprüft. Für die Richtigkeit der Angaben kann jedoch keine Haftung übernommen werden. Für Hinweise und Anregungen sind wir jederzeit dankbar. Bitte richten Sie diese an:
Bruckmann Verlag
Produktmanagement
Innsbrucker Ring 15
D-81673 München
E-Mail: lektorat@bruckmann.de

Bildnachweis:
Alle Fotos des Umschlags und Innenteils stammen von Kay Maeritz.
Titelbild: Relaxen auf Ko Chang
Umschlagrückseite von oben nach unten:
Das Wat Phra Kaeo in Bangkok bei Nacht
Am Hat Sai Keo, Ko Chang
Buddhakopf im Wat Mahatat, Ayuttaya

Seite 1: Orchideenblüten
Seite 2–3: Einsamer Strand im Ang Thong Meeresnationalpark

Deutsche Bibliothek –
CIP-Einheitsaufnahme
Ein Titeldatensatz für diese Publikation ist bei Der Deutschen Bibliothek erhältlich.

© 2003 Bruckmann Verlag GmbH, München
Alle Rechte vorbehalten
Printed in Hungary by Realsystem Dabasi Nyomda

ISBN 3-7654-4052-3